Yo **cocino** latino

Yo **cocino** latino

VERÓNICA CERVERA · ERICA DINHO · CLARA GONZÁLEZ · ALEJANDRA GRAF · LAYLA PUJOL

LAS RECETAS MÁS
POPULARES DE LOS BLOGS

La cocina de Vero
My Colombian Recipes
Simple by Clara
Piloncillo&Vainilla
Recetas de Laylita

Grijalbo

Primera edición: febrero de 2021

© 2021, Verónica Cervera
© 2021, Erica Dinho
© 2021, Clara González
© 2021, Alejandra Graf
© 2021, Layla Pujol
© 2021, Penguin Random House Grupo Editorial USA, LLC.
8950 SW 74th Court, Suite 2010
Miami, FL 33156

Diseño de cubierta e interiores: Fernando Ruiz
Fotografía de autoras y sus recetas: Cortesía de las autoras
Ilustración portadillas: inksova / istockphoto.com

Impreso en Estados Unidos / *Printed in USA*

ISBN: 978-1-644732-53-3

Índice

Para el día a día

Para el fin de semana

Para celebrar

Para picar

Para endulzar la vida

Introducción

Cuando se trata de sabores, Latinoamérica no tiene fronteras. A algunos países nos unen ciertos platillos, a otros ingredientes —aunque los llamemos por otro nombre— y a todos nos une el amor por la buena mesa, la tradición de reunirse en familia y el orgullo de mantener vivas nuestras tradiciones.

Yo cocino latino es un viaje virtual por la riqueza culinaria latinoamericana. Y qué mejores compañeras de viaje que cinco populares blogueras que no conocen de fronteras y que son generosas al compartir sus recetas, ya sea con sus millones de seguidores en sus redes sociales o en las páginas de este libro.

A Verónica Cervera de Cuba, Erica Dinho de Colombia, Clara González de República Dominicana, Alejandra Graf de México y Layla Pujol de Ecuador, las une su pasión por la cocina, la fotografía y ese mundo digital que ya es parte de nuestra vida.

Ellas forman parte de una comunidad cuya misión es mantener prendidos los fogones, invitarnos a probar nuevos sabores y sorprendernos con detalles que hacen totalmente suyas —y nuestras— recetas de toda la vida.

En el mundo de los blogs culinarios y las redes sociales, con sus seguidores, *posts*, comentarios y *likes*, no hay egoísmos, solo un generoso afán de inspirarnos a entrar en la cocina, seguir paso a paso las recetas y tomar una foto del resultado final, para compartirlo nosotros también. Primero con timidez en el grupito de WhatsApp y luego en nuestras redes con todo tipo de *#hashtags*.

En estas páginas encontrarás las recetas más populares de los blogs de cocina La cocina de Vero, My Colombian Recipes, Simple by Clara, Piloncillo&Vainilla y Recetas de Laylita. Hemos respetado la voz de cada una de las autoras, sus dichos y la manera particular en que nombran los ingredientes (consulta el glosario al final del libro en caso de que para ti maíz sea elote, o aguacate sea palta, por ejemplo).

Yo cocino latino es una invitación a cocinar para comenzar el día, para el día a día, para el fin de semana, para celebrar, para picar y para endulzar la vida. ¡Anímate! Las instrucciones son claras y fáciles de seguir. Pero eso sí: no olvides tomar la foto, colgarla en tus redes, etiquetar a la autora de la receta (en sus biografías encontrarás sus *handlers*) y añadir el *hashtag*…

#yococinolatino

¡Buen provecho!

Sobre las autoras

VERÓNICA CERVERA
La cocina de Vero

Verónica ha publicado recetas de diversas partes del mundo en su blog La cocina de Vero durante casi diez años. Es autora de *La cocina cubana de Vero* (Oberón, 2015) y *La cocina cotidiana de Vero* (Oberón, 2020). Sus platillos también han aparecido en *People en español, Baby Center* en español, *El Nuevo Herald, Telemundo 51 y Nuestra Voz.* En 2013 fue seleccionada como Top Bloguera de LATISM y quedó finalista en la categoría Best Food Blog. En 2016 la cadena NBC la señaló como una de las Top Latina Bloggers to Be Watching y, en 2017, fue finalista entre los Top Food Creator de los Tecla Awards de Hispanicize. Verónica nació en Cuba y vive en Miami con su esposo, su mano derecha para retratar sus platillos y lavar la vajilla.

 /lacocinadeveroautora

 @lacocinadevero

 @lacocinadevero

 @lacocinadevero

 @VeronicaCervera

www.lacocinadevero.com

 Cuando veas este código, escanéalo con la cámara de tu teléfono móvil y visita al instante el blog de cada autora.

ERICA DINHO
My Colombian Recipes

Deseando mantenerse conectada con sus raíces, en el 2009, Erica creó My Colombian Recipes, un blog de recetas colombianas en inglés y español. Su esperanza y su objetivo es que las personas de otros países descubran y aprendan más sobre Colombia a través de su comida, su cultura y sus tradiciones. Erica no es una chef profesional, sin embargo, su formación académica es en mercadeo, hotelería y turismo. El amor por la cocina es herencia de su abuela, "que era una increíble cocinera colombiana". Erica nació y creció en Medellín, Colombia. Desde el año 2000 vive en el noreste de Estados Unidos con su familia.

 /mycolombianrecipes

 @mycolombianrecipes

 @colombianrecipe

 @ericadinho

 @MyColombianRecipesVideos

www.mycolombianrecipes.com

CLARA GONZÁLEZ
Simple by Clara

Miles de personas conocen a Clara González como "Tía Clara", el rostro, la cámara y la voz detrás de Simple by Clara, el galardonado y premiado blog de cocina. Tras una zigzagueante vida profesional, que la llevó del diseño industrial a la logística internacional, terminó siguiendo su pasión, y ha pasado casi dos décadas cocinando, documentando y fotografiando la cocina dominicana. Es coautora de los libros *Traditional Dominican Cookery y Aunt Clara's Dominican Recipes*. Clara nació en República Dominicana y reside en Punta Cana. Viaja por todo su país, investigando, documentando, escribiendo y probando lo que la cocina dominicana tiene para ofrecer. Aficionada a la cocina y adicta a Internet, Clara es también esposa y madre.

 /DominicanCookingBlog

 @SimpleByClara

 @SimpleByClara

 @SimpleByClara

 @SimpleByClara

www.cocinadominicana.com

ALEJANDRA GRAF
Piloncillo&Vainilla

Alejandra es la voz, el ojo y el todo de Piloncillo&Vainilla, un blog de recetas veganas. Le encanta cocinar, leer, correr y comer. Creció en una familia donde la cocina y la mesa eran siempre el punto de reunión. Sus recuerdos de infancia están marcados por la comida: su mamá, sus abuelas y sus tías siempre intercambiando recetas, planeando menús o cocinando. Sus tardes preferidas son en la cocina, con su familia y amigos. Cuando nació su primer hijo, Santiago, su forma de cocinar y ver la comida cambió radicalmente. Sus alergias la llevaron a conocer un mundo nuevo: comida limpia, orgánica y 100 % de origen vegetal. Alejandra es mexicana y reside en Houston, con su esposo y sus tres hijos.

f /piloncilloyvainilla

⊙ @piloncilloyvainilla

🐦 @PVainilla

p @piloncilloyv

▶ @PiloncilloyVainilla

www.piloncilloyvainilla.com

LAYLA PUJOL
Recetas de Laylita

Las recetas de Layla están inspiradas en la comida ecuatoriana, en los sabores de la comida de Nuevo México que preparaba su mamá, en la cocina sureña/tejana de su abuelita, y en la cocina francesa de la familia de su esposo. Empezó su blog Laylita.com en el 2006 con el objetivo de compartir con el mundo su amor por la cocina ecuatoriana. Con el paso del tiempo, su blog se ha ido expandiendo e incluye recetas latinas e internacionales, siempre con su propio toque personal. Layla nació y creció en Loja, Ecuador. Actualmente vive en Seattle con su esposo Nicolas y sus dos hijos.

f /LasRecetasdeLaylita

⊙ @recetasdelaylita

🐦 @LaylaPujol

p @laylapujol

▶ @Laylita.com

www.laylita.com

Antes de comenzar:

Junto al título de cada receta encontrarás la bandera de su país de origen. Si es una receta internacional verás este ícono:

En la parte inferior de la página podrás identificar quién es la autora y fotógrafa de la receta.

Al final del libro encontrarás un glosario con equivalencia de términos y un índice de ingredientes.

Para comenzar el día

Arepa de huevo 🏳️

La arepa de huevo (o arepa 'e huevo como la llaman los costeños) es muy popular en la costa Caribe colombiana, donde puedes encontrar puestos callejeros en cada esquina vendiendo arepas fritas rellenas de huevo recién hechas. Este plato es uno de los más exquisitos de la cocina tradicional colombiana y uno de mis favoritos.

PARA 4 PERSONAS

INGREDIENTES

- 1 taza de harina de maíz precocida (masarepa)
- ½ cucharadita de sal
- ½ cucharadita de azúcar
- 1 taza de agua tibia
- 6 tazas de aceite vegetal para freír
- 4 huevos

PREPARACIÓN

1. En un tazón, mezcla la harina, la sal y el azúcar. Agrega el agua y mezcla para formar la masa. Deja reposar durante 5 minutos. Deja 1 cucharada de masa a un lado para cerrar las arepas.
2. Divide el resto de la masa en 4 bolas iguales y aplana cada una con un plato hasta obtener un disco de aproximadamente ¼ de pulgada (0.6 cm) de grosor.
3. Calienta el aceite en una olla a 350 °F (180 °C). Fríe las arepas en el aceite caliente una a una, alrededor de 5 minutos o hasta que estén doradas y la superficie se infle.
4. Retira la arepa con una espátula y ponla en un plato cubierto con papel toalla para que escurra el aceite.
5. Cuando la arepa esté lo suficientemente fría como para tocarla, haz una abertura de aproximadamente 1 ½ pulgadas (3.8 cm) de largo con un cuchillo afilado en su borde, sin cortar hasta la punta, como haciendo un bolsillo.
6. Coloca 1 huevo en un taza o pocillo pequeño y desliza el huevo en el bolsillo de la arepa. Toma un trozo pequeño de masa y cierra la arepa.
7. Agrega la arepa rellena de huevo al aceite caliente y fríela otra vez, alrededor de 2 minutos por cada lado, hasta que se cocine el huevo.
8. Retira la arepa del aceite, escurre en un plato cubierto con papel toalla y sirve.

Chilaquiles verdes con salsa de tomatillo y chipotle 🇲🇽

Los chilaquiles son un platillo típico mexicano que se sirve para desayunar o en la madrugada al terminar una fiesta. La manera tradicional de hacerlos es friendo tortillas de maíz cortadas en pedazos chicos y luego bañadas en salsa roja o verde. Usualmente se terminan con crema, queso fresco y rebanadas de cebolla. Esta es mi versión vegana y rápida de hacer.

PARA 6 PERSONAS

INGREDIENTES

- 1 bolsa de 16 oz (450 g) de totopos horneados

Para la salsa
- 10 tomatillos (650 g)
- 4 dientes de ajo
- ½ manojo de cilantro fresco (¾ a 1 taza sin apretar)
- 1 cucharada de pasta de chile chipotle en adobo o un chile chipotle en adobo
- Sal

Para el tofu
- 1 paquete de tofu extra firme de 14 oz (400 g)
- ¼ de taza de cebolla morada picada
- ½ cucharadita de sal

Para servir
- 1 aguacate cortado en cuadritos
- Cilantro fresco picado

PREPARACIÓN

1. Pon a cocer los tomatillos a fuego medio, con suficiente agua para cubrirlos (aproximadamente una taza), durante unos 10 minutos. Si ves que se secan, puedes agregar un poco más de agua.
2. Tuesta el ajo con cáscara en una sartén o en el horno tostador.
3. Retira los tomatillos del agua y licúa junto con el ajo, el cilantro, el chile chipotle y la sal, hasta que esté todo bien integrado. Si notas que la mezcla queda muy espesa, puedes agregar un poco del agua donde se cocieron los tomatillos.
4. El tofu escúrrelo muy bien. Para ello, coloca el tofu en un plato y un peso encima, por media hora.
5. Desbarata el tofu en un tazón y mézclalo con la cebolla y la sal.
6. Para servir los chilaquiles pon en un plato hondo o plato de pasta los totopos, sirve la mezcla de tofu encima y báñalos con la salsa verde.
7. Termina con el cilantro y el aguacate.

Estos chilaquiles saben deliciosos el día que los preparas. No son muy ricos recalentados.

'Chocolate' de maíz 🇩🇴

Espeso, tibio y reconfortante, esta es la bebida perfecta para acurrucarse en un día frío, y se prepara usando un polvo de maíz tostado y dulce que los dominicanos llamamos gofio. El gofio se hace siguiendo un largo proceso de secar, tostar, pelar y moler granos de maíz. Para esta receta utilizaremos un proceso abreviado y mucho más sencillo que podrás encontrar en los tres primeros pasos de la preparación.

PARA 6 PERSONAS

INGREDIENTES

- ½ taza de harina amarilla de maíz
- 3 tazas de agua
- ⅓ de taza de azúcar moreno
- 3 palitos de canela
- ½ cucharadita de clavo dulce en polvo
- 6 tazas de leche
- ¼ de cucharadita de nuez moscada recién rallada

PREPARACIÓN

1. Vierte la harina de maíz en un caldero u olla mediana con tapa y calienta a temperatura media.
2. Remueve vigorosamente hasta que se torne de color dorado y evita que se queme.
3. Retira del fuego y coloca en una bandeja. Deja enfriar.
4. Una vez que esté listo el gofio, combina el agua, el azúcar, la canela y el clavo en polvo en una olla de 3 cuartos de galón (3 lts).
5. Hierve a fuego bajo hasta que el líquido reduzca a la mitad.
6. Agrega la leche y el gofio. Mezcla bien. Cuando empiece a hervir, remueve constantemente hasta que espese un poco (de 3 a 5 minutos).
7. Retira del fuego y vierte en otro recipiente. Remueve hasta que enfríe un poco y deje de salir vapor.
8. Sirve de inmediato y espolvorea con la nuez moscada.

La harina que necesitas es similar a la polenta, pero un poco más fina.

Colada de avena

La colada de avena es una bebida popular en Ecuador para el desayuno o para los chicos después de la escuela. Se conoce también como refresco o chicha de avena. La variación más tradicional se prepara con naranjilla (lulo), pero también queda deliciosa con otras frutas como piña, maracuyá, naranja, fresas, moras, etc. Se puede servir caliente o bien fría. En casa, la sirvo caliente para el desayuno y luego refrigero el resto para servirla fría por la tarde.

PARA 8 PERSONAS

INGREDIENTES

- ¾ de taza avena cruda
- 7 tazas de agua: 1 para remojar la avena y 6 para cocinarla (agrega más si la prefieres menos espesa)
- 4 palitos de canela
- 1 ½ tazas de jugo puro de naranjilla (idealmente que sea fresco, sin agua adicional y sin endulzar)
- ½-¾ lbs (225-340 g) de panela (piloncillo) o 1 taza de azúcar moreno

PREPARACIÓN

1. Remoja la avena cruda con una taza de agua.
2. En una olla, combina las 6 tazas de agua, la mitad del jugo de naranjilla (o el jugo de frutas que deseas usar), los palitos de canela y la panela. Hierve y reduce la temperatura a fuego bajo durante unos 15 minutos.
3. Retira la olla del fuego y saca los palitos de canela. Deja que enfríe por unos 10 minutos.
4. Licúa la avena remojada con 2 tazas del líquido dulce tibio y el resto del jugo de naranjilla.
5. Si lo deseas sin grumos, puedes colar la mezcla licuada de avena.
6. Vuelve a poner esta mezcla de avena licuada en la olla con el resto del líquido dulce.
7. Dejar hervir a fuego medio, revolviendo de vez en cuando, durante aproximadamente 5 minutos o hasta que espese y pierda el sabor de la avena cruda. Según tu preferencia puedes agregar más agua o más panela/azúcar. La colada de avena se puede servir caliente para el desayuno o en los días de invierno. Es mejor bien fría, en los días cálidos o en verano.

Huevos pericos 🇨🇴

Huevos pericos es uno de los platos de desayuno más populares en Colombia. Cuando era niña mi mamá los preparaba para el desayuno casi todos los días. Es una receta simple y fácil de preparar, pero con mucho sabor. Por lo general, se sirven con arepa y café o chocolate caliente.

PARA 4 PERSONAS

INGREDIENTES

- 2 cucharadas de aceite vegetal o mantequilla
- 2 tomates medianos, finamente picados
- 4 tallos de cebolla larga, picada
- 8 huevos
- Sal

PREPARACIÓN

1. En una sartén antiadherente calienta el aceite o la mantequilla a fuego medio. Añade los tomates y la cebolla y cocina unos 5 minutos revolviendo ocasionalmente.
2. Mientras tanto, en un tazón pequeño bate los huevos y añade sal a tu gusto.
3. Vierte los huevos en la sartén con la mezcla de tomate y cocina a fuego medio, sin revolver, hasta que la mezcla comience a secarse, alrededor de 3 minutos.
4. Revuelve para que los huevos se mezclen con el tomate y la cebolla. Cocina unos 2 minutos más o hasta que los huevos tengan la consistencia que te gusta y sírvelos calientes con arepa o pan.

Molletes con pico de gallo 🇲🇽

No creo que haya una persona mexicana que no haya comido molletes. Son un platillo clásico mexicano que normalmente se come en el desayuno o en la cena. Para mí no hay mejor manera de empezar el día que con un *baguette* partido a la mitad con mantequilla por un lado, una capa de frijoles refritos encima y luego bañados con queso gratinado. Los molletes siempre van acompañados de una buena salsa, que usualmente es la que conocemos como pico de gallo. El pico de gallo se hace con chile serrano, cebolla, tomate y cilantro picado.

PARA 2 PERSONAS

INGREDIENTES

Para los molletes
- 1 *baguette* chica partida a la mitad y luego transversalmente
- 2 cucharadas de mantequilla
- 1 taza de frijoles refritos
- 2 tazas de queso rallado

Para el pico de gallo
- 2 tomates grandes, sin jugo ni semillas y cortados en cuadritos
- ½ cebolla chica, cortada en cuadritos
- 1 chile serrano picado
- ½ taza cilantro fresco (sin apretar)
- Sal

PREPARACIÓN

1. Para preparar el pico de gallo, mezcla los tomates, la cebolla, el chile y el cilantro en un tazón y prueba. Ajusta la sal si es necesario.
2. Prende el *broiler* del horno.
3. Cubre un lado de cada mitad de la *baguette* con mantequilla y ponlas sobre una sartén o comal hasta que estén doradas.
4. Divide la taza de frijoles en cuatro partes. Úntale frijoles de lado a lado a cada mitad de la *baguette*. Cubre cada una con queso rallado.
5. Mete al horno los molletes hasta que el queso esté derretido.
6. Saca del horno y sirve con una o dos cucharadas de pico de gallo.

> No deseches los tallos de cilantro, es donde está todo el sabor y se pueden consumir sin problema.

Pan con tomate 🌐

Es muy probable que la costumbre de comer pan con tomate en Cuba provenga de la presencia catalana en la isla. En casa lo hacíamos cortando el tomate en rodajas y echándole sal y un aceite que aliñábamos con ajo, durante semanas, en un frasco de vidrio. Ha terminado, sin embargo, gustándome más la variante de la casa de mi esposo, en la que rallaban tomate y ajo en un pan tostado y luego le echaban sal y aceite. Es de esas cosas tan sencillas que se pasan de deliciosas. Se puede comer lo mismo de desayuno, que como entrante, merienda o tapa.

PARA 4 PERSONAS

INGREDIENTES

- 4 rebanadas de pan rústico
- 1 diente de ajo pelado
- 1 tomate
- Sal
- Aceite de oliva virgen extra

PREPARACIÓN

1. Tuesta el pan. Puedes tostar las rebanadas de diferentes modos: en una tostadora, en un horno a 400 °F (200 °C) durante unos 3 minutos por cada lado o bien en una sartén o comal, a fuego medio-bajo durante 3 o 4 minutos por cada lado.
2. Corta el tomate longitudinalmente en cuatro partes iguales.
3. Una vez tostado el pan, frota las 4 rebanadas con el mismo diente de ajo y, seguidamente, frota cada una con un cuarto de tomate. Ponles sal y aceite de oliva al gusto.

Si no te gustan las semillas del tomate, rállalo usando un guayo o rallador, cuélalo y, después de frotar el ajo en el pan tostado, espárcelo con una cucharilla.

Pastelitos de guayaba y queso ⊜

Los pastelitos no pueden faltar en los cumpleaños cubanos, y entre los preferidos de todos están los de guayaba y queso. También son parte del típico desayuno o la merienda que te pides en la ventana de una cafetería, para llevar, junto a un café con leche o un cortadito. Se suelen preparar sólo con pasta de guayaba o sólo con queso, y también de carne y de coco. Dependiendo del relleno, se les da una forma determinada. Los de guayaba y queso se hacen en forma de triángulo. El hojaldre para elaborar estos pastelitos puedes hacerlo en casa, pero la verdad es muy engorroso. Yo recomiendo comprarlo congelado.

PARA 9 PASTELITOS

INGREDIENTES

- 1 masa de hojaldre congelada de ½ lb (250 g)
- 3 oz (85-90 g) de queso crema tipo Philadelphia
- 3 oz (85-90 g) de pasta de guayaba
- 1 huevo batido
- 1 cucharadita de azúcar

"No comer de inmediato aunque huelan delicioso. El relleno estará muy caliente."

PREPARACIÓN

1. Descongela la masa de hojaldre 20 a 30 minutos antes de comenzar. Ábrela y estírala con un rodillo sobre una superficie plana hasta que quede de unos 2 a 3 milímetros de grosor, a la vez que vas tratando de que quede un cuadrado lo más parejo posible. Córtalo en 9 cuadrados iguales usando un cortador de pizza.
2. Precalienta el horno a 400 °F (200 °C) y coloca un cuenco pequeño con agua a temperatura ambiente cerca de tu área de trabajo.
3. Pon un pedazo de pasta de guayaba y otro de queso en cada uno de los 9 cuadrados, situándolos en uno de sus cuatro cuadrantes y más cerca del centro. Unta con un dedo levemente mojado con agua el borde de la masa del triángulo donde has puesto el relleno. Dobla el otro triángulo de masa sobre éste y presiona los bordes para sellarlos. Repite la operación con los demás.
4. Píntalos ligeramente por encima con el huevo batido usando una brocha de silicona y espolvorea el azúcar.
5. Colócalos en una bandeja resistente al horno cubierta con papel aluminio o un tapete de silicona para hornear. Hornea de 20 a 25 minutos hasta que estén dorados.
6. Cuando estén listos, ponlos en una rejilla durante 10 minutos para que se refresquen.

Pudín de chía de vainilla 🇲🇽

Esta receta de pudín de chía es la más fácil del mundo y de las cosas más nutritivas que hay. Es perfecta como postre o desayuno, todo depende de cómo la prepares o con qué la sirves. Usa esta receta de base y termina el pudín como más te guste: con chocolate picado, con fresas, con nueces, etc.

PARA 6 PERSONAS

INGREDIENTES

- 1 taza nueces de la India (*cashews*) crudas, remojadas de 2 a 6 horas en 2 tazas de agua
- 3 tazas de agua
- 10 dátiles sin hueso
- Una pizca de sal
- 2-3 cucharaditas de extracto de vainilla
- 1 cucharada de aceite de coco
- ½ taza de semillas de chía
- Fruta fresca

PREPARACIÓN

1. Cuando estén bien remojadas las nueces de la India, escúrrelas y enjuágalas.
2. Ponlas en la licuadora junto con las 3 tazas de agua y licúa.
3. Agrega los dátiles, la pizca de sal, las cucharaditas de vainilla y el aceite de coco. Sigue licuando hasta que esté todo bien integrado y uniforme; así preparamos la leche vegetal. Prueba y ajusta el sabor si es necesario.
4. En un recipiente grande con tapa, pon las semillas de chía y la leche vegetal del paso 3. Mezcla muy bien para que no queden bolas de semillas de chía.
5. Tapa y deja en el refrigerador por 2 horas como mínimo. Es mejor de 6 a 8 horas.
6. Sirve con fruta fresca. También se puede servir con especias, miel de arce (miel de *maple*) o nueces.

Si queda muy espeso puedes poner más leche vegetal o agua hasta que quede con la consistencia que te guste. Cuando se lo doy a los niños de merienda, lo dejo más espeso para que no se salga por los lados.

Tortilla de huevos 🇩🇴

Si preguntas a alguien qué es una tortilla, la respuesta dependerá del país de origen de tu interlocutor. Para nosotros los dominicanos, esta simple *omelette* que llamamos tortilla de huevos es una opción fácil para el desayuno, y tradición de la mesa familiar en mi hogar paterno.

Puedes agregar o sustituir vegetales a tu gusto.

PARA 6 PERSONAS

INGREDIENTES

- 6 huevos
- ½ taza de leche
- ¾ de cucharadita de sal
- ¼ de cucharadita de pimienta molida
- 4 cucharadas de harina todo uso, cernida
- 4 cucharadas de aceite de oliva
- 2 pimientos morrones cortados en tiras
- 1 cebolla roja mediana, cortada en tiras
- ½ taza de tomates cereza cortados en mitades
- ½ taza de aceitunas sin semilla, rebanadas (opcional)

PREPARACIÓN

1. Combina en un bol los huevos, la leche, sal y pimienta.
2. Agrega la harina y bate con batidor o tenedor hasta que todo esté bien mezclado y no haya grumos. Reserva.
3. Calienta el aceite a fuego medio en una sartén antiadherente.
4. Cuece los pimientos, la cebolla, los tomates y las aceitunas, revolviendo hasta que la cebolla esté translúcida (unos 2 minutos).
5. Vierte la mezcla de huevos y reduce el fuego al mínimo. Cuece tapado.
6. Cuando endurezca por debajo (de 7 a 10 minutos) voltéala usando un plato y cuece el otro lado por otros 5 minutos o hasta que esté cocido completamente.
7. Puedes servir con pan, yuca hervida o solo. Acompaña con tu bebida caliente matutina favorita.

Waffles de pan de yuca 🌎

Estos *waffles* (gofres) son uno de nuestros desayunos favoritos. La masa se puede preparar la noche anterior y simplemente ponerla en la wafflera al momento del desayuno. Los *toppings* o coberturas se pueden personalizar al gusto de cada comensal. Me encantan con aguacate, chorizo o salmón ahumado y un huevo frito. Para una combinación dulce se pueden servir con mermelada de guayaba, dulce de leche o crema de avellanas y chocolate. Si no tienes waflera, puedes aplastar la masa en forma de tortillas y cocinarlas en una sartén hasta que queden doradas por ambos lados.

PARA 4 PERSONAS (2 *WAFFLES* CADA UNA)

INGREDIENTES

- 4 tazas de queso *mozzarella* rallado o de una mezcla de queso *mozzarella* y queso fresco
- 2 ½ tazas de almidón de yuca (tapioca)
- Una pizca de sal
- 1 barra (4 oz [115 g]) de mantequilla a temperatura ambiente
- 2 huevos medianos
- ¼ de taza de agua o de leche (agrega más según sea necesario)

Ideas para los *toppings* o coberturas

- Aguacate cortado en rebanadas o en forma de salsa/guacamole
- Huevos fritos o pochados
- Salmón ahumado
- Chorizo, *prosciutto*, jamón, tocino
- Salsa picante al gusto
- Hierbas frescas para decorar

PREPARACIÓN

1. Pon el queso, el almidón de yuca, la sal, la mantequilla (blanda), los huevos y ¼ de taza de agua o de leche en un tazón o bol grande.
2. Usa las manos para mezclar los ingredientes hasta obtener una masa suave. Si la masa se siente muy seca, agrega más agua o leche, una cucharada o dos a la vez.
3. También puedes hacer la masa en el procesador de alimentos. Primero agrega los ingredientes secos, mezcla y luego agrega los ingredientes húmedos y mezcla hasta obtener una masa suave.
4. Divide la masa en 8 partes iguales para hacer bolas de masa. Aplástalas ligeramente para que queden en forma de tortillas gruesas. Los puedes hacer con anticipación y refrigerarlos hasta unos 30 minutos antes de cocinar los *waffles*.
5. Calienta la máquina de *waffles* como lo harías normalmente o de acuerdo con las instrucciones de tu waflera. Coloca una tortilla gruesa de pan de yuca en el centro de la máquina, cierra y deja que se cocine hasta que esté crujiente. Usualmente unos 5 minutos, pero puede variar según tu máquina y el tamaño de cada *waffle*. Abre con cuidado para comprobar si el *waffle* está listo.
6. Saca el *waffle* de la máquina y sírvelo caliente con los *toppings* o coberturas de tu preferencia.

Para el día a día

Albóndigas con salsa de chipotle 🇲🇽

En México la hora de la comida es de los momentos más importantes del día. Usualmente es cuando toda la familia se reúne, donde platicas lo que has hecho durante el día o, en mi caso, cómo me había ido en la escuela. Desde niña, estas albóndigas con salsa de chipotle siempre han sido de mis platillos favoritos. Siempre me ha encantado la combinación de las albóndigas con lo rico del tomate y lo picoso del chipotle. En esta receta están hechas con arroz, frijol y champiñones.

> Quedan muy bien encima de una cama de arroz blanco.

PARA 6 PERSONAS

INGREDIENTES

Para las albóndigas
- 1 cucharada de aceite vegetal
- 8 oz (227 g) champiñones rebanados
- 1 ½ tazas de arroz integral cocido
- 1 ½ tazas de frijoles negros cocidos y escurridos
- 1 taza de pan molido o panko
- 1 cucharadita de ajo en polvo
- 1 cucharadita de sal
- ½ cucharadita de orégano seco
- Aceite vegetal suficiente para dorar las albóndigas

Para la salsa
- 1 lata de 28 oz (794 g) de tomate en cuadritos o su equivalente de tomate natural
- 1 cebolla mediana, cortada en trozos
- 2 dientes de ajo pelados
- 2 chiles chipotle en adobo
- ½ cucharadita de orégano
- 1 cucharadita de sal
- 1 ramita de cilantro fresco
- 1 cucharadita de aceite vegetal

PREPARACIÓN

1. En una sartén pon la cucharada de aceite y dora los champiñones durante 10 a 15 minutos. Reserva. Cuando estén fríos ponlos en el procesador de alimentos junto con el arroz, los frijoles, el pan molido, el ajo en polvo, la sal y el orégano. Dale pulsar varias veces hasta que todo esté bien mezclado.
2. Con la mezcla forma las albóndigas y dóralas muy bien en una sartén con suficiente aceite para dorarlas, no freírlas.
3. Mientras, prepara la salsa. Pon todos los ingredientes, menos el aceite, en la licuadora y procesa hasta que estén perfectamente mezclados.
4. En una olla, pon la cucharadita de aceite, calienta tantito y agrega la salsa. Deja que suelte el primer hervor y baja el fuego. Déjala durante unos 5 a 7 minutos. Prueba y ajusta la sazón si es necesario.
5. Para servir, baña las albóndigas con la salsa.

Arroz con fideos 🌐

El arroz es un alimento básico de la cocina latina. En Colombia comemos arroz blanco como acompañamiento en casi todas nuestras comidas, pero por mucho que me guste, también me encanta hacer recetas que incluyan otros ingredientes como los fideos. Tiene una textura increíble y va bien con pescado, aves, res, cerdo o, incluso, con frijoles. Te aseguro que será una de tus recetas favoritas, como lo ha sido para mi familia durante muchos años.

PARA 4 PERSONAS

INGREDIENTES

- 3 cucharadas de aceite vegetal o de oliva
- ⅔ taza de pasta de fideos, en pedazos de 1 ½ pulgadas (3.8 cm)
- 1 taza de arroz blanco de grano largo
- 2 tazas de agua o 2 tazas de caldo de pollo
- ½ cucharadita de sal

PREPARACIÓN

1. En una olla mediana, calienta el aceite a fuego medio. Añade los fideos y sofríe de 2 a 3 minutos o hasta que estén dorados.
2. Añade el arroz y revuelve con una cuchara de madera. Sofríe por 1 minuto más. Añade el caldo o el agua y la sal, y aumenta el fuego para que hierva.
3. Tapa la olla y reduce el fuego a bajo. Cocina unos 20 minutos o hasta que el arroz esté tierno. Retira del fuego, deja reposar durante 5 minutos y sirve.

Arroz con huevo ≋

Este platillo les encanta a grandes y chicos. Es ideal para usar sobras de arroz y para salir rápido de la cocina. Además, es económico y tiene mucho umami al incluir entre sus ingredientes el kétchup y la salsa de soya. Para acompañarlo recomiendo plátanos maduros fritos, plátano de fruta (banana) o ensalada de aguacate. Debes hacerlo con arroz previamente refrigerado, pues sus granos estarán duros y se mantendrán firmes al mezclarlos con el resto de los ingredientes. Si el arroz está hecho pelotas, debes separar los granos con ayuda de un tenedor antes de comenzar a preparar esta receta.

PARA 1 PERSONA

INGREDIENTES

- 1 cucharada de aceite vegetal
- 1 huevo grande
- 1 taza de arroz cocido
- 1 cucharada de kétchup
- 1 cucharadita de salsa de soya
- 1 ramita de cebollino

PREPARACIÓN

1. Echa el aceite en un *wok* o una sartén a fuego alto e inmediatamente agrega el huevo.
2. Cuando la clara haya cambiado de color, adiciona el arroz, el kétchup y la salsa de soya.
3. Revuelve constantemente a medida que se calienta el arroz, durante unos 3 minutos, para que no se pegue.
4. Sirve con el cebollino picadito por encima.

Cocina arroz de más para que te quede y luego puedas preparar esta receta. Para una versión más sofisticada, puedes añadir sobras de pollo cocido o jamón cortado en cubitos.

Bistec a la criolla 🏳

El bistec a la criolla es un plato muy popular en los hogares colombianos. Cuando vivía en Colombia, mi mamá lo preparaba para el almuerzo o cena por lo menos una vez a la semana. Ahora yo lo preparo para mi familia y es el plato preferido de mi hijo mayor. Es ideal para cualquier día de la semana acompañado con arroz blanco, plátanos maduros y aguacate.

PARA 4 PERSONAS

INGREDIENTES

Para el bistec

- 2 lb (0.90 kg) de bistec o filete de res, cortado en 4 porciones delgadas
- 2 cucharadas de aceite vegetal
- 3 dientes de ajo pelados y picados
- 1 cucharadita de comino molido
- Sal y pimienta negra molida

Para la salsa

- 3 cucharadas de aceite vegetal
- 1 cebolla blanca mediana, finamente picada
- 3 dientes de ajo pelados y machacados
- 1 cucharadita de comino molido
- 4 tomates medianos maduros, finamente picados
- 2 cucharadas de cilantro fresco picado
- Sal y pimienta negra molida

PREPARACIÓN

1. Para preparar el bistec, mezcla el ajo con el comino, la sal y la pimienta para hacer un aliño. Frota los filetes con la mezcla y déjalos reposar por lo menos dos horas en el refrigerador.
2. Para preparar la salsa, en una sartén agrega el aceite y sofríe la cebolla y el ajo hasta que estén levemente dorados, alrededor de 2 minutos.
3. Agrega el tomate, el comino, sal y pimienta al gusto. Cocina a fuego bajo por 5 minutos más.
4. Para cocinar el bistec, en otra sartén calienta el aceite a fuego medio. Fríe los filetes 2 minutos por cada lado. Añade la salsa criolla y cocina durante 2 minutos más. Agrega el cilantro y sirve con arroz blanco.

Enchilado de cangrejo ≋

Yo crecí en Cuba, cerca de un pueblo pesquero llamado Caibarién, a cuyos habitantes les llaman cangrejeros. Cuando llovía en la zona, mucha gente se iba hasta la costa a aprovechar que los cangrejos salían de sus cuevas y era más fácil capturarlos. Luego salían a venderlos, y mi padre siempre compraba y se ocupaba de sacarles la masa. Hoy en día compro la masa ya hervida para hacer esta receta.

El enchilado es delicioso con arroz blanco acabadito de hacer y plátanos maduros, con harina de maíz, con viandas hervidas o fritas, para sándwiches o para rellenar empanadas y tostones.

PARA 4 PERSONAS

INGREDIENTES

- 3 cucharadas de aceite de oliva virgen extra
- ½ pimiento verde picadito
- ½ cebolla morada grande, picadita
- 4 o 5 dientes de ajo pelados y machacados
- ½ taza de perejil
- 1 lata de 8 oz (230 g) de salsa de tomate sin sal
- 1 pizca de pimentón de la Vera picante
- 1 hoja de laurel
- ½ cucharadita de comino en polvo
- 2 tazas de masa de carne de cangrejo cocida (hervida)
- 2 tazas de vino seco o vino blanco para cocinar
- Sal
- Salsa picante tipo Tabasco

PREPARACIÓN

1. Calienta el aceite en una cazuela mediana o una sartén grande a fuego medio. Añade el pimiento y la cebolla picaditos. Sofríe unos 5 minutos y adiciona el ajo y el perejil. Sigue cocinando un par de minutos más y agrega la salsa de tomate. Sofríe otros 2-3 minutos e incorpora el pimentón, la hoja de laurel y el comino.

2. Mezcla bien y agrega el cangrejo y el vino. Ponle sal al gusto, tapa la cazuela, baja el fuego a medio-bajo y cocina durante 20 minutos o hasta que la salsa tenga el espesor deseado.

3. Agrega salsa picante al gusto, poco antes de servir y revuelve bien.

Este plato es más rico con las masas de cangrejo frescas recién hervidas, pero las puedes congelar hasta tres meses y luego usarlas para el enchilado.

Locrio de salami 🇩🇴

Hay tantas versiones de este plato como dominicanos hay. Cada quien le agrega toques a su gusto y añade los ingredientes que el presupuesto le permite. Es un plato económico, reconfortante y muy popular.

PARA 6 PERSONAS

INGREDIENTES

- 1 lb (0.45 kg) de salami dominicano
- 2 cucharadas de aceite para freír
- ¼ de taza de pimientos cortados en trocitos
- Una pizca de orégano en polvo
- ⅓ de taza de tallos de apio picados (opcional)
- ⅓ de taza de zanahoria cortada en cubitos (opcional)
- 1 cucharadita de ajo majado
- 1 cucharadita de pimienta en polvo
- ¼ de cuarto de taza de aceitunas sin hueso (opcional)
- 1 taza de auyama (calabaza) cortada en cubitos
- 1 cucharada de cilantro o perejil, fresco y picado
- 3 cucharadas de pasta de tomate
- 7 ½ tazas de agua
- Sal
- 4 tazas de arroz grano medio (tipo Carolina)

PREPARACIÓN

1. Corta el salami en cubos. Calienta el aceite a fuego alto en un caldero u olla de fondo grueso (hierro o aluminio fundido). Agrega el salami y cuece removiendo hasta dorar.
2. Agrega pimientos, orégano, apio, zanahoria, ajo, pimienta, aceitunas, auyama y cilantro. Cuece removiendo por un minuto. Agrega la pasta de tomate y mezcla bien.
3. Agrega el agua. Sazona con sal al gusto. Baja el fuego a medio y lleva a punto de ebullición. Agrega el arroz y remueve con frecuencia, mientras se cuece, para evitar que se pegue.
4. Cuando el líquido se haya evaporado, cubre con una tapa hermética y cuece a fuego muy bajo.
5. A los 15 minutos destapa, moviendo hacia arriba el arroz que estaba en el fondo para cocinar uniformemente.
6. Tapa de nuevo y cuece por 5 minutos más. Prueba el arroz, debe estar cocido pero firme. Si es necesario tapa y cuece por otros 5 minutos.

Si no tienes a mano salami dominicano, sustituye por salchichas tipo Viena o chuleta de cerdo ahumada, con los que harás platos similares y también muy populares. ¡Recuerda despegar el arroz que se queda en el fondo (concón) y servirlo aparte!

Locro de quinua con queso 🏴

El locro es una sopa espesa y cremosa típica de la sierra ecuatoriana. El locro tradicional se prepara con papas y queso, pero existen variaciones con maíz fresco (choclo), col, acelga, camarones, habas, zapallo y más. Mi mamá solía preparar esta versión con quinua y es una de mis comidas reconfortantes preferidas. Una buena sopa es la solución para todos los problemas, por lo menos esa era mi impresión cuando era una niña. ¿No te sientes bien? Tómate la sopa. ¿Quieres ser más flaco o estás demasiado flaco, ser más alto, más inteligente, correr más rápido, etc.? Tómate la sopa. ¿Quieres postre? Tómate la sopa. ¿Quieres salir a jugar con tus amigos? Tómate la sopa.

PARA 8 PERSONAS

INGREDIENTES

- 2 cucharadas de aceite vegetal
- ½ cebolla blanca picadita
- 4 dientes de ajo pelados y machacados
- 1 cucharadita de comino molido
- 1 cucharadita de achiote molido
- 1 cucharadita de orégano seco
- 5-6 papas medianas, peladas y cortadas en trozos
- 1 taza de quinua cruda prelavada
- 8 tazas de agua o caldo de verduras o pollo
- 1 taza de leche
- 2 tazas de queso fresco desmenuzado (también se puede usar queso feta o *mozzarella* según el gusto)
- 4 cucharadas de cilantro o perejil fresco y finamente picado
- Sal
- Pimienta

PREPARACIÓN

1. Calienta el aceite a fuego medio en una olla grande.
2. Agrega la cebolla, el ajo, el comino, el achiote, el orégano, la sal y pimienta. Mezcla bien y cocina hasta que las cebollas se pongan blandas, unos 5 a 8 minutos.
3. Añade los trozos de papa y mezcla bien hasta que estén cubiertas con la cebolla y los condimentos. Continúa cocinando durante unos 5 minutos, revolviendo de vez en cuando.
4. Agrega el agua o caldo y deja que hierva.
5. Agrega la quinua, reduce la temperatura y cocina a fuego medio-bajo hasta que la quinua y las papas estén suaves, unos 25 a 30 minutos. Revuelve de vez en cuando. Para una consistencia más cremosa puedes aplastar un poco las papas con un machacador o con una cuchara de madera.
6. Añade la leche y el queso desmenuzado, revuelve y cocina a fuego lento otros 5 minutos. Si está muy espesa puedes agregar un poco de leche adicional hasta obtener la consistencia deseada.
7. Retira la olla del fuego. Prueba y ajusta sal y pimienta. Agrega el cilantro o el perejil.
8. Sirve la sopa caliente acompañada con aguacate, queso adicional, cebollines y salsa picante al gusto.

Picadillo a la habanera ⪎

El picadillo a la habanera es una de las recetas más ricas y socorridas de la comida cubana. Hay quien le pone alcaparras, otros lo hacen sin papas, pero éstas, definitivamente, ayudan a que rinda más. Si puedes, usa un picadillo (carne molida) con poca grasa o picadillo de primera.

PARA 6 PERSONAS

INGREDIENTES

- 2 papas medianas peladas
- 1 taza de aceite vegetal
- 1 lb (453 g) de picadillo de res
- ½ cebolla blanca picadita
- ½ pimiento verde picadito
- ½ pimiento rojo picadito
- 4 dientes de ajo pelados y machacados
- 1 taza de salsa de tomate
- ½ taza de vino seco
- 1 puñado de pasas
- 1 puñado de aceitunas verdes
- 1 cucharadita de comino en polvo
- ½ cucharadita de orégano seco
- 1 hoja de laurel
- Sal

PREPARACIÓN

1. Corta las papas en cuadritos de ½ pulgada (de 2 a 3 cm). Colócalas con el aceite a temperatura ambiente en una sartén a fuego medio-alto. Cocínalas unos 7 a 8 minutos, hasta que comiencen a dorarse. Retíralas con una espumadera y ponlas en un plato cubierto con papel toalla para eliminar el exceso de grasa. Reserva.
2. Calienta una cazuela mediana a fuego alto y agrega el picadillo. Ve rompiendo las bolas de carne con una cuchara de madera y, una vez que cambie de color, agrega la cebolla, los pimientos y el ajo. Cocina unos 3 a 4 minutos, removiendo constantemente.
3. Adiciona el resto de los ingredientes, incluyendo las papas fritas, revuelve y reduce el fuego a bajo-medio. Rectifica la sal. Tapa y deja que se cocine unos 15 a 20 minutos para que los sabores se combinen mientras la salsa se espesa a tu gusto.

Pica-pollo 🇩🇴

Este humilde pero popular plato se puede encontrar en pequeños pueblos y grandes ciudades. Es la opción obligada de comida rápida al estilo dominicano.

PARA 4 PERSONAS

INGREDIENTES

- 12 muslos de pollo
- 1 cebolla roja pequeña, cortada a la mitad
- Jugo de 2 limones verdes
- 3 ramitas de perejil fresco
- Sal
- 1 diente de ajo majado
- 1 taza de harina todo uso
- ½ cucharadita de orégano en polvo
- ½ cucharadita de pimienta molida
- 4 tazas de aceite para freír

PREPARACIÓN

1. En una olla grande combina el pollo, suficiente agua para taparlo, cebolla, jugo de limón, perejil, 1 cucharadita de sal y el ajo. Hierve el pollo a fuego medio.
2. Cuando el pollo esté parcialmente cocido pero firme (si lo pinchas no sale sangre, alrededor de 15 minutos) retira del agua y deja reposar sobre una toalla de papel hasta que refresque. Reserva.
3. Mezcla la harina con 1 cucharadita de sal, orégano y pimienta.
4. En una sartén para freír pequeña (¼ de galón [½ lt]) calienta el aceite a fuego medio.
5. Cubre el pollo con la mezcla de harina, sacudiendo el exceso.
6. Fríe las presas de pollo de dos en dos hasta que doren. Una vez fritos, coloca sobre una toalla de papel para eliminar el exceso de aceite y sirve.

¿Por qué hervir el pollo primero? Porque es más fácil para asegurarnos que esté bien cocido y luego se siente más sabroso, tierno y crujiente.

Pollo a la plancha con ensalada de aguacate 🌎

Cocinar "a la plancha" es algo típico en Latinoamérica y en España. Tradicionalmente se usa una plancha de metal encima de una parrilla o brasas que tiene la capacidad de llegar a temperaturas muy altas. Para la cocina casera lo modificamos usando una plancha plana (tipo *griddle*) que se coloca encima de la estufa o en la parrilla exterior. Otra opción es usar una sartén de hierro fundido como alternativa para esta receta. El pollo a la plancha se puede acompañar con arroz y frijoles en una comida completa, o se puede servir como relleno para tacos o tostadas.

> Para una opción ligera se puede servir encima de una ensalada mixta de lechuga y vegetales.

PARA 4 PERSONAS

INGREDIENTES

- 4 pechugas de pollo o 2 lb (0.90 kg) de filetes finos de pollo

Para marinar
- El jugo de 2 naranjas pequeñas
- El jugo de 1 limón
- 4 dientes de ajo pelados y machacados
- 1 cucharada de orégano seco
- 1 cucharadita de sal
- 1 cucharadita de pimienta molida
- 1 cucharadita de comino molido
- 2 cucharadas de aceite vegetal

Para la ensalada de aguacate
- 1 aguacate maduro pero firme, cortado en cubitos
- ½ cebolla morada pequeña, cortada en rodajas o en cubitos

PREPARACIÓN

1. Para cortar las pechugas de pollo en filetes finos usa un cuchillo afilado con el que harás cortes horizontales en el centro de cada una, luego ábrela como un libro o una mariposa. En la misma tabla de cortar, cubre las pechugas con un trozo de papel encerado y golpéalas suavemente con un mazo para ablandar y afinar los filetes.
2. Para marinar el pollo, combina el jugo de naranja, el jugo de limón, ajo, orégano seco, sal, pimienta, comino y aceite en un tazón pequeño y mezcla bien.
3. Vierte esta mezcla encima de las pechugas de pollo y deja marinar durante al menos una hora.
4. Antes de preparar la ensalada de aguacate, mezcla la cebolla con un poco de sal y enjuaga bien con agua fría. Así suavizarás su sabor fuerte.
5. Mezcla en un bol el aguacate en rodajas o en cubitos con la cebolla, el ají o el chile, el cilantro, el jugo de limón, el aceite de oliva y la sal. Guárdalo refrigerado hasta el momento de servir.

- 1 ají o chile, sin semillas, picadito (puedes usar pimiento dulce para una opción sin picante)
- El jugo de 1 limón
- 1 cucharada de aceite de oliva
- 1 cucharada de cilantro fresco picado
- Sal

6. Calienta la plancha (o la parrilla o la sartén) a temperatura alta. La puedes engrasar ligeramente con unas gotas de aceite si tu plancha se suele pegar.

7. Cocina los filetes de pollo durante aproximadamente 5 minutos por cada lado o hasta que estén completamente cocidos. El tiempo exacto varía según el grosor de los filetes y la temperatura de la plancha.

8. Sirve con la ensalada de aguacate y guarniciones adicionales a tu gusto.

Sopa de verduras con pasta 🇲🇽

Esta receta de sopa de pasta con verduras es la combinación perfecta entre la sopa de pasta mexicana y la clásica sopa de verduras mexicana. Es deliciosa y una de las sopas más fáciles de hacer que te puedas imaginar. Hay días que le pongo garbanzos para que quede más como una comida completa. Es perfecta para almorzar y más rica si la acompañas con unos tacos de aguacate con salsa fresca.

PARA 6 PERSONAS

INGREDIENTES

- 5 tomates medianos
- ¼ de una cebolla chica
- 2 dientes de ajo pelados
- ½ cucharadita de sal
- 1 cucharada de aceite vegetal
- 4-6 tazas de agua
- 3 zanahorias grandes peladas y cortadas en cuadritos
- 1½ tazas de chícharos congelados
- ¼ de taza de pasta chica
- 1 ramita de cilantro fresco
- 1½ tazas de garbanzos cocidos y escurridos o una lata (15 onzas [425 g]) de garbanzos escurridos
- 3 tazas de kale o espinaca lavada y en trozos no muy pequeños

PREPARACIÓN

1. Licúa el tomate, la cebolla y el ajo junto con la sal.
2. En una olla, pon la cucharada de aceite y cuando esté caliente vierte la mezcla de tomate, cebolla y ajo. Deja hervir a fuego lento por 5 a 7 minutos. Cuando cambie de color a un rojo fuerte, ponle 4 tazas de agua, las zanahorias, los chícharos, la ramita de cilantro y la pasta.
3. Cuando esté cocida la pasta, ponle los garbanzos y los trozos de kale o espinaca.
4. Pruébala de sal y checa si necesita más líquido. Ajusta si es necesario.

Sírvela con un poco de jugo de limón y aguacate en cuadritos.

Tacos de tinga de yaca 🇲🇽

Estos tacos de tinga me recuerdan mi infancia. Es una receta deliciosa, auténtica mexicana, pero en versión vegana. La tinga es un guisado que originalmente se hace con pollo, cebolla rebanada y un caldillo de tomate y chiles chipotle. Yo le pongo papas porque me encanta la textura y cuerpo que le dan al guisado. Tanto la tinga de pollo como la de yaca (también conocida como *jackfruit*) son muy rápidas de hacer y es de los platillos que vale la pena hacer el doble. Congela muy bien y recalentada sabe aún más rica. Cómela en tacos con tortillas de maíz, en tostadas o burritos con tortillas de harina.

> La tinga sabe deliciosa sobre arroz blanco y acompañada de frijoles negros refritos. Queda súper rica como relleno de un burrito, en quesadillas o hasta para hacer tortas.

PARA 4 PERSONAS

INGREDIENTES

- 1 lata (280 g) de yaca cocida y escurrida
- 1 cucharada de aceite vegetal
- 1 cebolla mediana, rebanada
- De 4 a 6 jitomates
- 1 o 2 chiles chipotle en adobo
- 3 tazas de papa en cuadritos o en rebanadas delgadas
- 1 cucharada de sal
- 1 cucharada de orégano seco

Para servir
- Tortillas de maíz
- Aguacate
- Cebolla morada
- Crema (yo uso crema de nuez de la India o *cashew*)

PREPARACIÓN

1. Desmenuza la yaca en el procesador de alimentos o con las manos.
2. En una sartén grande, pon la cucharada de aceite y la cebolla en rebanadas. Cuece unos 5 minutos o hasta que esté transparente.
3. Mientras, licúa o muele en un procesador de alimentos el tomate con el chile chipotle.
4. Cuando esté la cebolla, pon la yaca desmenuzada, el tomate licuado, la papa y la sal. Tapa y deja por 15 minutos o hasta que el tomate y la papa estén cocidos.
5. Prueba y ajusta la sazón, si es necesario, y agrega el orégano seco.
6. Para preparar los tacos, pon en una tortilla de maíz caliente dos o tres cucharadas de tinga de yaca, una o dos rebanadas de aguacate, la cebolla morada cortada en rebanadas bien delgaditas y unas gotitas de crema.

Para el fin de semana

Carne mechada 🏴

Para los dominicanos, carne mechada es un plato de carne de res relleno de jamón y algunos vegetales, cocido a fuego muy bajo durante largo tiempo. He hecho algunos cambios a la receta tradicional y esta es mi versión.

PARA 6 PERSONAS

INGREDIENTES

- 1 cebolla grande cortada en tiras
- 2 pimientos (morrón o cubanela) cortados en tiras
- 1 zanahoria pequeña, pelada y cortada en tiras
- 1 cucharadita de orégano seco molido
- 2 dientes de ajo pelados
- ½ cucharadita de pimienta molida
- 2 cucharaditas de sal
- 2 lb (0.90 kg) de carne de res en una pieza (bola o boliche)
- ½ lb (0.22kg) de longaniza
- 4 cucharadas de aceite vegetal
- 3 cucharadas de pasta de tomate
- 1 cucharada de harina todo uso
- ¼ de taza de aceitunas sin semilla
- ⅛ de taza de alcaparras (opcional)
- 1 cucharada de perejil fresco picado

PREPARACIÓN

1. En un procesador de alimentos o licuadora, licúa la mitad de la cebolla, un cuarto del pimiento, orégano, ajo, una pizca de pimienta y una cucharadita de sal. Esta mezcla se usará para marinar la carne.
2. Haz un corte en la carne insertando un cuchillo a lo largo para formar un tubo, siguiendo la dirección de la fibra de la carne. Sazónala por dentro y por fuera con la mezcla que licuaste (marinada). Rellena con la longaniza, algunas tiras de cebolla, algunas tiras de ají y algunas tiras de zanahoria. Coloca en un recipiente tapado y deja reposar durante una hora en la nevera.
3. En un caldero u olla grande de fondo grueso (1 ½ galones [6 lts]) calienta el aceite a fuego alto.
4. Retira la carne de la marinada (reserva para usarla más tarde). Seca la carne con una toalla de papel. Coloca en el caldero con el aceite caliente y cocínala, rotando para que dore uniformemente.
5. Mientras se cocina la carne, mezcla 3 tazas de agua, la pasta de tomate, harina y la marinada que guardaste. Cuando la carne se dore retírala del caldero y agrega la mezcla de salsa de tomate y revuelve para incorporar los residuos. Agrega las aceitunas, las alcaparras y lo que quedó de la zanahoria, los pimientos y la cebolla. Coloca la carne de nuevo en el caldero.
6. Baja la temperatura al mínimo, tapa el caldero y cuece por 1 hora, rotando cada media hora para que el rollo se cueza uniformemente. La salsa se habrá reducido a la mitad, pero si se secó demasiado añade un poco de agua caliente extra.
7. Una vez pasado este tiempo, retira la carne de la salsa y córtala en rebanadas. Vierte la salsa en una sopera de servir y coloca las rebanadas de carne encima. Espolvorea con perejil.

Garbanzos fritos ⊜

Esta receta de origen español es una de las predilectas de la comida cubana. Puede servirse como tapa, como primer plato o como plato principal. Mi padre siempre cuenta cómo su mamá hacía garbanzos fritos con los garbanzos que sobraban de un día para otro. A veces los aplastaba para hacer munyeta, una especie de tarta que se puede preparar también con judías. Yo suelo cocinar garbanzos abundantemente para usarlos en diferentes platillos, pero puedes hacer esta receta con garbanzos en conserva, escurriéndolos y enjuagándolos bien.

PARA 4 PERSONAS

INGREDIENTES

- 3 cucharadas de aceite de oliva virgen extra
- ½ cebolla blanca picadita
- ½ pimiento rojo picadito
- 3 dientes de ajo pelados y machacados
- ½ taza de panceta cortada en cubitos de ½ pulgada (1 cm)
- 2 chorizos medianos cortados en semicírculos de ¼ de pulgada (5 mm)
- ¼ de taza de vino seco o vino dorado para cocinar
- 3 cucharadas de salsa de tomate sin sal
- 1 pizca de pimentón de la Vera picante
- 1 pizca de pimentón de la Vera dulce
- Sal
- 1 pizca de azúcar
- 4 tazas de garbanzos cocinados y escurridos
- 1 cucharada de culantro o de perejil picadito

PREPARACIÓN

1. Calienta el aceite a fuego medio en una cazuela mediana. Agrega la cebolla y el pimiento. Pocha y añade el ajo. Saltea un par de minutos más e incorpora la panceta y el chorizo. Sigue cocinando unos 4 minutos removiendo a cada rato, hasta que se doren la panceta y el chorizo y suelten un poco de grasa.

2. Vierte el vino en la cazuela y deja que se evapore la mitad aproximadamente. Adiciona la salsa de tomate, el pimentón dulce y el picante, sal al gusto y la pizca de azúcar. Mezcla bien.

3. Echa los garbanzos en la cazuela y revuelve bien. Cocina unos 5 minutos incorporándolos bien a la salsa. Añade la mitad del culantro o el perejil y remueve. Rectifica la sal.

4. Sirve caliente con el resto del culantro o el perejil espolvoreado por encima. Acompaña con un buen pedazo de pan y con cerveza fría o vino tinto.

Lomo saltado de cerdo ▮▮🏴

Aunque el lomo saltado por lo general se prepara con lomo de res, esta variación la preparé con carne de cerdo. Puedes preparar esta misma receta con pollo o hasta con camarones; para una variación vegetariana se puede hacer con champiñones o berenjena.

Este platillo versátil es un ejemplo perfecto de la fusión asiática-latina, pues se combina perfectamente el sabor de la salsa de soya con sabores latinos como el comino, el ají (o chile) y el cilantro. Mi toque personal es agregarle un poco de vinagre balsámico. Me encanta el contraste de dulzura y acidez que le da a la carne.

PARA 4 PERSONAS

INGREDIENTES

- 2 lb (0.90 kg) de lomo de cerdo cortado en tiras de ½ - ¾ de pulgada (12 mm – 19 mm)

Para aliñar la carne
- 1 cucharadita de aceite vegetal
- 1 cucharadita de ajo en polvo
- ½ cucharada de orégano seco
- 1 cucharadita de ají molido o chile en polvo
- 1 cucharadita de comino molido
- Sal
- Pimienta

Para el lomo de cerdo saltado
- 2 cucharadas de aceite vegetal
- 2 cebollas rojas cortadas en tajadas medianas
- 1 pimiento dulce amarillo cortado en tiras o tajadas gruesas
- 2 dientes de ajo pelados y picaditos
- 1 ají picante amarillo o chile rojo sin semillas y cortado en tiritas

PREPARACIÓN

1. Para aliñar la carne, primero, frota los pedazos con el aceite. Mezcla bien el ajo en polvo, orégano, ají molido, comino molido, sal y pimienta. Luego, frota la carne con esta mezcla y marina durante unos 30 minutos.
2. Para saltear el lomo, calienta dos cucharadas de aceite a temperatura alta en una sartén tipo *wok*. Agrega las tiras de carne de cerdo y cocina, revolviendo con frecuencia, hasta que estén doraditas y completamente cocinadas, aproximadamente de 10 a 12 minutos.
3. Retira las tiras de cerdo de la sartén y resérvalas en un plato caliente.
4. Agrega las tajadas de cebolla, pimiento dulce, ajo y ají al mismo *wok* donde cocinaste el cerdo. Agrega una cucharada de aceite adicional si lo necesita.
5. Saltea la cebolla y el pimiento dulce a temperatura alta durante unos 4 a 5 minutos; revuelve con frecuencia para evitar que se quemen.
6. Añade el tomate y mezcla bien.
7. Agrega las tiras de lomo de cerdo cocinadas, el comino molido, el vinagre balsámico y la salsa de soya. Mezcla bien y saltea durante 1 a 2 minutos.
8. Prueba y ajusta la sazón. Agrega el cilantro y la cebolla verde.

- 3 tomates cortados en tajadas gruesas
- 2 cucharaditas de comino molido
- 3 cucharadas de vinagre balsámico
- 2 cucharadas de salsa de soya
- 2 cucharadas de cilantro fresco picadito
- 2 cucharadas de cebollita verde picadita
- Sal y pimienta

Para servir
- Arroz y papas fritas
- Encurtido de cebolla

9. Sirve el lomo saltado acompañado de papas fritas, arroz blanco y encurtido de cebolla. Las papas fritas se pueden mezclar con el saltado o se pueden servir al lado.

Mondongo 🏁

Puede que el mondongo no le guste a todo el mundo, pero es muy popular entre los dominicanos.

INGREDIENTES

- 1 lb (0.45 kg) de mondongo limpio y desinfectado
- 3 ramitas de cilantro fresco
- Sal
- ¼ de cucharadita de pimienta molida
- Jugo de 2 limones verdes
- 2 cucharadas de aceite vegetal
- 2 cebollas rojas cortadas en trozos pequeños
- 1 cucharadita de ajo majado
- ½ taza de apio rebanado
- 1 pimiento (morrón o cubanela) cortado en trozos pequeños
- 6 tomates cortados en cubos
- ½ cucharadita de orégano seco
- 4 cucharadas de pasta de tomate
- 3 papas grandes cortadas en trozos pequeños
- 1 zanahoria grande cortada en cubos
- 1 cucharada de salsa picante (opcional)

PREPARACIÓN

1. Limpia el mondongo, quita la grasa y despega la capa fina y transparente que lo cubre por dentro. Lava con abundante agua fría.
2. Pon el mondongo en una olla grande. Añade el cilantro, una cucharadita de sal y la pimienta. Vierte medio galón (2 lts) de agua y añade el jugo de limón.
3. Hierve añadiendo agua a medida que sea necesario para mantener el mismo nivel. Cuando esté lo suficiente blando como para pinchar con un tenedor (prueba para saber si te gusta la textura) retira del agua y desecha el líquido. Ablandar mondongo puede tomarse de 1 a 3 horas en una olla convencional. Puedes acortarlo usando una olla de presión, donde puede tomarse de 30 a 60 minutos.
4. Enfría a temperatura ambiente. Corta en trozos que quepan en una cuchara y reserva.
5. En un caldero u olla calienta el aceite a fuego medio-bajo. Añade la cebolla y el ajo. Cuece revolviendo hasta que la cebolla se torne translúcida.
6. Añade el apio, los pimientos y los tomates. Cocina tapado durante un par de minutos. Añade orégano y pasta de tomate y revuelve.
7. Añade el mondongo al caldero, más la papa y la zanahoria. Cuece revolviendo durante un par de minutos. Vierte 3 tazas de agua. Cuece tapado a fuego medio-bajo hasta que las papas y las zanahorias estén bien cocidas (unos 15 minutos). Prueba y corrige la sal si es necesario. Agrega la salsa picante. Retira del fuego.
8. Este plato debe ser servido tan pronto como salga de la estufa. Si no lo vas a comer enseguida, recaliéntalo antes de servir. Acompaña con arroz blanco y rebanadas de aguacate.

Seco de carne con tamarindo 🏴

El seco es un guiso a base de carne que se cocina a fuego lento en una salsa espesa que suele llevar cerveza o chicha (una bebida de maíz fermentada). Al igual que tantos otros platillos típicos latinos, la receta del seco de carne cambia de una región a otra. Cada familia tiene sus secretitos y su manera diferente de prepararlo, pero el objetivo final es el mismo: que la carne quede tierna, jugosa y deliciosa.

PARA 8 PERSONAS

INGREDIENTES

- 4 lb (1.81 kg) de carne de res sin huesos cortada en trozos grandes (como en la foto)
- 1 cucharada de comino molido
- 1 cucharadita de pimienta dulce molida
- ½ cucharada de achiote molido
- ½ cucharada de pimentón dulce
- 2 cucharadas de aceite de oliva
- 1 cebolla roja grande cortada en pedazos medianos
- 3 pimientos dulces (rojos y verdes) cortados en pedazos medianos
- 4 tomates tipo roma cortados en cuartos
- 6 dientes de ajo pelados
- 1 manojo de cilantro fresco (1 taza)
- 1 taza de jugo concentrado de tamarindo sin endulzar o 3.5 onzas (100 g) de pasta de tamarindo
- 1 taza de cerveza clara
- 4 cucharadas de raspadura de panela (piloncillo) o azúcar moreno
- Sal y pimienta negra

Para acompañar
- Arroz
- Plátanos maduros fritos
- Aguacate

PREPARACIÓN

1. Sazona la carne con el comino, la pimienta dulce, el achiote, la sal y la pimienta negra.
2. Si vas a usar pasta de tamarindo, puedes diluir 3.5 onzas (100 g) en una taza de agua caliente. Deja reposar durante 30 minutos y luego cuela para quitar las semillas y fibras.
3. Licúa la cebolla roja, los pimientos dulces, los tomates, el ajo y la mitad del cilantro con el jugo de tamarindo hasta obtener un puré o una salsa espesa.
4. En una olla de buen tamaño, calienta el aceite a temperatura media, agrega los pedazos de carne y dóralos ligeramente por ambos lados.
5. Añade la salsa licuada, la cerveza y la raspadura de panela (piloncillo). Mezcla bien.
6. Deja hervir, luego reduce temperatura y cocina a fuego bajo, con la olla parcialmente tapada, hasta que la carne esté tierna y la salsa se haya espesado, aproximadamente de 2 ½ a 3 horas.
7. Si lo preparas en la olla de cocción lenta, se debe cocinar a temperatura baja durante 6 a 8 horas.
8. Prueba y rectifica la sal y los condimentos a tu gusto. Agrega el resto del cilantro picado.
9. Sirve el seco de carne acompañado de arroz, plátanos maduros fritos, aguacate y ensalada. También se puede servir con yucas sancochadas, con cebollas encurtidas y con ají o salsa picante.

Sopa de arroz con albóndigas ▰

La sopa de arroz con albóndigas de mi abuela es una de mis sopas favoritas. Me encanta servirla con aguacate y agregarle un poco de jugo de limón. Además, la combinación de las albóndigas con las verduras y el arroz la hacen muy reconfortante y deliciosa.

Esta sopa es aún mejor al día siguiente, así que asegúrate de hacer el doble para poder llevar al trabajo durante la semana.

PARA 6 PERSONAS

INGREDIENTES

Para las albóndigas
- ½ lb (0.22 kg) de carne de res molida
- ½ lb (0.22 kg) de carne de cerdo molida
- 1 cucharada de ajo en polvo
- 1 cucharada de cebolla en polvo
- 1 cucharada de comino molido
- 1 huevo batido
- ¼ de taza de harina de maíz precocida (masarepa)
- ¼ de taza de agua
- Sal y pimienta

Para la sopa
- 1 cucharada de aceite vegetal
- ½ taza de cebolla blanca picada
- 2 dientes de ajo pelados y picados
- 2 tallos de cebolla larga picados
- 8 tazas de caldo de carne
- 1 cucharadita de comino molido
- ½ cucharadita de color
- ½ taza de arvejas
- ½ taza de habichuelas cortadas en trozos
- ½ taza de zanahorias cortadas en cubos
- ½ taza de arroz

PREPARACIÓN

1. Para las albóndigas, mezcla en un recipiente la carne de res, la carne de cerdo, el ajo en polvo, la cebolla en polvo, el comino, el huevo, la harina de maíz, el agua, la sal y la pimienta.

2. Amasa hasta lograr una consistencia firme. Si la masa está muy húmeda, agrega más harina. Divide la mezcla de carne en 12 porciones iguales y forma bolas con las manos. Coloca en un plato y reserva.

3. En una olla, calienta el aceite a fuego medio. Agrega la cebolla blanca, el ajo, la cebolla larga y cocina durante unos 4 minutos, revolviendo ocasionalmente.

4. Vierte el caldo a la olla y agrega las albóndigas, el comino, el color, la zanahoria, las habichuelas y las arvejas. Cocina por 15 minutos y añade el arroz. Cocina a fuego medio de 20 a 25 minutos aproximadamente. Si es necesario, añade más caldo o agua. Condimenta con sal y pimienta al gusto.

Sopa de lentejas con carne 🏳

La sopa de lentejas con carne es una de las primeras cosas que aprendí a cocinar. Es deliciosa para el almuerzo o la cena, acompañada de arroz blanco y aguacate. Las lentejas son las leguminosas más fáciles y rápidas de preparar, porque no es necesario remojarlas y se cocinan muy rápido.

PARA 6 PERSONAS

INGREDIENTES

- 2 cucharadas de aceite vegetal
- 2 dientes de ajo pelados y finamente picados
- ½ taza de cebolla blanca finamente picada
- 2 tallos de cebolla larga picados
- 6 tazas de caldo de res
- 1 taza de lentejas lavadas y escurridas
- 2 zanahorias peladas y cortadas en cubos
- 3 papas peladas y cortadas en trozos de unas ¾ de pulgada (2 cm)
- 1 lb (0.45 kg) de carne de res cortada en trozos de unas ¾ de pulgada (2 cm)
- 1 cucharadita de comino molido
- ½ cucharadita de color
- Sal y pimienta al gusto
- ¼ de taza de cilantro fresco picado

PREPARACIÓN

1. Calienta el aceite en una olla grande a fuego medio bajo. Agrega el ajo, la cebolla blanca y la cebolla larga y cocínalos unos 5 minutos o hasta que todo esté bien suave.
2. Agrega el caldo y deja que hierva. Agrega las lentejas, la zanahoria, las papas, la carne, el comino, el color, la sal y la pimienta. Puedes agregar más caldo o agua, si lo deseas. Tapa la olla y deja que hierva a fuego alto. Reduce a fuego bajo y cocina de 30 a 40 minutos o hasta que las lentejas estén blandas.
3. Una vez que las lentejas estén listas, prueba y ajusta la sazón. Agrega el cilantro y acompáñalas con arroz blanco y aguacate.

Esta sopa la puedes preparar con antelación y conservarla en la nevera por un par de días. Puedes sustituir la carne de res por tocino, carne de cerdo, costilla o chorizo colombiano.

Sopes 🇲🇽

Cuando pienso en sopes siempre pienso en las mil y una posibilidades que hay para comerlos. Esta es la receta básica, pero piensa en ellos como si fueran un lienzo en blanco. Termínalos como más te gusten: con salsa, sin salsa, con guisados como el picadillo, con chorizo o con cualquier otro guisado. Los sopes son de las recetas que siempre quedan bien cuando la sirves a amigos y familiares.

PARA 6 PERSONAS

INGREDIENTES

- 2 tazas de harina de maíz (tipo Maseca)
- 2 cucharadas de aceite vegetal
- 1 cucharadita de sal
- 1 taza de agua

Para servir
- 1½ tazas de frijoles refritos
- 2-3 tazas de lechuga romana picada
- Salsa mexicana verde o roja
- Cebolla morada encurtida
- Crema agria mexicana

PREPARACIÓN

1. Mezcla la harina con la sal y el aceite y ve agregando el agua poco a poco. La idea es que te quede como plastilina suave.
2. Calienta la sartén o el comal donde los vayas a hacer. Para que no se peguen los sopes, el comal tiene que estar muy caliente.
3. Mientras se calienta la sartén o el comal forma con la masa una bolita y ponla entre dos hojas o *film* plástico. Con un plato que tenga fondo plano aplástala hasta que te quede un círculo de 2 o 3 mm de grosor. También puedes usar una máquina para hacer tortillas.
4. Pon cada disco de masa en el comal o la sartén hasta que se vea seco por encima. Dale la vuelta y déjalo hasta que esté cocido. En cuanto lo saques, pellizca la orilla para formar un borde y evitar que se salga el relleno.
5. Repite este proceso con toda la masa preparada. Cuando estén listos los sopes ponles una cama de frijoles refritos, luego la lechuga, la salsa y la crema.
6. También puedes ponerle cebolla morada encurtida o rebanadas de chile.

Sudado de pollo 🇨🇴

El sudado de pollo es un plato típico colombiano muy sencillo y popular. En mi casa, mi mamá lo preparaba al menos dos veces a la semana con pollo o con carne de res. Esta receta tiene múltiples versiones, dependiendo de la zona de Colombia en la que se prepare. Mi mamá siempre lo sirve sobre arroz blanco, con aguacate y una ensalada simple.

PARA 4 PERSONAS

INGREDIENTES

- 8 muslos de pollo
- 1 cucharada de aceite vegetal
- ½ taza de cebolla blanca picada
- 2 tallos de cebolla larga picados
- ½ pimiento rojo picado
- 2 dientes de ajo pelados y picados
- 2 tazas de tomates picados
- 1 cucharadita de color o sazón con azafrán
- 1 cucharadita de comino en polvo
- Sal y pimienta molida
- 8 papas medianas, peladas y cortadas por la mitad
- 1 lb (0.45 kg) de yuca pelada y cortada en pedazos de unas 2.5 pulgadas (6 cm)
- 3 tazas de caldo de pollo
- ¼ de taza de cilantro fresco picado

PREPARACIÓN

1. En una olla grande, calienta el aceite vegetal a fuego medio.
2. Añade la cebolla blanca, cebolla larga y el pimiento y saltea hasta que la cebolla esté transparente, unos 3 minutos. A continuación, añade el tomate, el ajo, la sal y la pimienta y sofríe 5 minutos más.
3. Agrega el pollo, el caldo de pollo, el color y el comino. Tapa y cocina a fuego medio durante 20 minutos, revolviendo ocasionalmente.
4. Añade las papas, la yuca y el cilantro y cocina de 30 a 35 minutos más o hasta que las papas y la yuca estén tiernas. Sirve sobre arroz blanco.

Tacos dorados estilo Sinaloa 🇲🇽

Estos tacos dorados estilo Sinaloa son tacos de papa fritos. Se sirven con lechuga, pepino, rábanos y cebolla morada encurtida. Te tengo que confesar que siempre han estado en la lista de mis comidas preferidas desde que era chica. Mis papás los hacían en días de vacaciones o los fines de semana, y para mí y mis hermanos era un día de fiesta.

PARA 4 PERSONAS

INGREDIENTES

- 1 lb (0.45 kg) de papas pequeñas peladas
- Una pizca de sal
- 12 tortillas de maíz
- 4-6 tazas de aceite de aguacate, aceite de cártamo o aceite para freír de tu gusto

Para el caldillo

- 4 tomates grandes
- ¼ de cebolla grande
- 1 diente de ajo pelado
- 10 ramitas de cilantro fresco
- ½-1 cucharada de orégano mexicano seco
- Una pizca de sal

Para servir

- Cebolla morada encurtida
- 4-6 tazas de lechuga rebanada finita
- 2 pepinos rebanados muy delgaditos
- 4-6 rábanos rebanados muy finamente

PREPARACIÓN

1. Para hacer el relleno, cocina las papas en una olla de agua con sal. Asegúrate que el agua las cubra por completo y hierve hasta que estén completamente blandas, entre 15 y 20 minutos. Cuando estén listas escúrrelas, prepara el puré con un machacador de papas y agrega una buena pizca de sal. Prueba la sazón y ajusta si es necesario.
2. Para hacer el caldillo, pon los tomates, la cebolla, el ajo, el cilantro y el orégano en una olla con 1 taza de agua y tapa. Cocina a fuego medio-alto durante 10 a 15 minutos o hasta que todo esté completamente cocido.
3. Agrega una pizca grande de sal y bate en una licuadora o con una batidora de mano. Revisa la sazón y ajusta si es necesario.
4. Para formar los tacos, calienta la tortilla de maíz hasta que esté flexible, agrega una cucharada de puré de papas. Asegúrate que el relleno cubra la tortilla de lado a lado. Dobla por la mitad y asegúralo con un palillo de dientes o una brocheta de bambú.
5. Calienta el aceite a 350 °F (180 °C). Fríe los tacos de dos en dos hasta que estén dorados, aproximadamente de dos a tres minutos por cada lado.
6. Escurre los tacos en una bandeja para hornear forrada con toallas de papel.
7. Para servir los tacos, pon tres en un tazón y retira los palillos de dientes.
8. Abre los tacos con cuidado para que no se rompan y rellena con lechuga, pepino, rábanos y cebolla morada encurtida.
9. Termina, bañando los tacos con el caldillo de tomate.

Vaca frita 🏴

Mucha gente confunde la vaca frita con la ropa vieja. Aunque ambas están hechas con carne ripiada, la vaca frita queda tostadita y no tiene salsa. Ambas son deliciosas y se dejan acompañar muy bien con arroz, frijoles negros y plátanos maduros fritos o tostones.

Para hacer la vaca frita, se necesita bastante tiempo de preparación con antelación, pues hay que ablandar la carne, esperar que se refresque para deshebrarla y luego adobarla y dejarla reposar en su adobo. Esto puedes hacerlo el día anterior.

PARA 6 U 8 PERSONAS

INGREDIENTES

Para preparar la carne
- 1 ½ lbs (0.70 kg) de carne de falda de res
- ½ cebolla morada cortada toscamente
- ¼ de pimiento verde
- ½ zanahoria cortada toscamente
- 1 hoja de laurel
- 1 palo de apio con sus hojas, cortado toscamente

Para la vaca frita
- 1 cucharadita de comino molido
- 5 dientes de ajo pelados y machacados
- El jugo de 1 limón
- Sal
- Pimienta
- 1 cebolla blanca cortada en tiras de ½ pulgada (1.5 cm)
- 4 cucharadas de aceite de oliva virgen extra

PREPARACIÓN

1. Corta el pedazo de falda de res en 4 o 5 pedazos y colócalos en la olla de presión con los ingredientes del primer grupo y abundante agua que los cubra. Después que pite la olla, dale 30 minutos. Cuando se vaya la presión, cuela el caldo y resérvalo para otra receta. Del resto, desecha todo menos la carne, que pondrás a refrescar por 30 minutos aproximadamente.
2. Cuando la carne esté fresca, deshébrala bien y agrega el comino, el ajo, el jugo del limón, sal y pimienta al gusto. Tápala y déjala reposar en el refrigerador al menos 1 hora (si es de un día para otro, mucho mejor).
3. Mezcla bien la carne con la cebolla y pon a calentar 2 cucharadas de aceite de oliva en una sartén grande. Cuando esté caliente, añade la mitad de la carne con cebolla. Saltéala bien hasta que se ponga tostadita. Reserva en un sitio donde se mantenga caliente y pásale un papel toalla a la sartén con cuidado de no quemarte. Repite la operación con el resto del aceite y la carne ripiada con cebolla. Puedes hacerlo en más tandas si no tienes una sartén grande.
4. Sirve caliente.

No recomiendo comerla recalentada, pues se reseca demasiado.

Para celebrar

Aguacate relleno con palmitos 🇲🇽

Esta receta de aguacate con palmitos te sirve para todo. Es perfecta como botana, es buenísima como entrada o para acompañar un plato fuerte. Queda bien para servirla en la mesa o para comer al lado de la alberca. Yo siempre presento el aguacate partido a la mitad, con totopos de maíz y limones. Me gusta dejarle la cáscara, si lo sirvo como botana o como comida informal, así cada mitad parece un barquito. Si voy a servirlo como entrada o acompañamiento del platillo principal, pelo el aguacate y así es más fácil comerlo en la mesa con cuchillo y tenedor.

PARA 6 PERSONAS

INGREDIENTES

- 3 aguacates, partidos a la mitad y sin hueso

Para la ensalada
- ½ taza de cebolla picada
- ¼ de taza de jugo de limón
- ½ taza de aceitunas verdes rebanadas
- 2 tazas de palmitos rebanados
- 1 taza de tomate picado sin semillas
- 1 cucharada de cebollín picado
- 2 cucharadas de cilantro fresco picadito
- 1 cucharada de orégano seco
- 1 cucharada de sal kosher
- 2 cucharadas de aceite de oliva

Para servir
- Totopos de maíz

PREPARACIÓN

1. Mezcla todos los ingredientes de la ensalada en un tazón. Prueba y ajusta la sazón si es necesario.
2. Rellena cada aguacate con la ensalada de palmitos.
3. Sirve en un platón con totopos de maíz y limones partidos en mitades.

La ensalada de palmito la puedes hacer con unas horas de anticipación. Corta y rellena los aguacates justo antes de servir.

Arroz con pollo

El arroz con pollo es uno de los platos más populares en Colombia y América Latina, aunque cada país tiene su propia variación. Es el plato perfecto para compartir en familia durante la semana, pero también es ideal para servir los fines de semana si tienes invitados. Esta deliciosa receta es de mi mamá, y yo lo sirvo con aguacate y salsa de tomate como ella siempre lo ha servido.

PARA 6 PERSONAS

INGREDIENTES

Para el pollo
- 2 pechugas de pollo con hueso y sin piel
- 5 tazas de caldo de pollo
- ½ cucharada de comino molido
- ½ cucharada de color o achiote
- Sal y pimienta

Para el arroz
- 2 cucharadas de aceite vegetal o de mantequilla
- ½ taza de cebolla blanca picada
- ¼ de taza de pimiento rojo picado
- 2 dientes de ajo pelados y picados
- 1 taza de arroz de grano largo
- 1 cucharadita de pasta de tomate
- 2 ½ tazas de caldo de pollo
- ½ cucharada de color o achiote
- ½ taza de arvejas congeladas
- ½ taza de zanahorias cortadas en cubos
- ½ taza de habichuelas congeladas y cortadas en trozos de unos ¾ de pulgada (2 cm)
- ¼ de taza de cilantro fresco picado

PREPARACIÓN

1. Coloca el pollo, el caldo de pollo, el comino, el color, sal y pimienta en una olla. Lleva a hervir, tapa y baja el fuego a medio-bajo. Cocina durante 20 a 25 minutos.

2. Apaga el fuego y deja el pollo en la olla durante unos 15 minutos cubierto. Retira el pollo del caldo, deja enfriar un poco y luego desmenúzalo y reserva. Cuela el caldo en el que cocinaste el pollo, mide 2 ½ tazas y resérvalo.

3. En una olla mediana, calienta el aceite o la mantequilla a fuego medio. Añade la cebolla, el pimiento y el ajo. Cocina hasta que la cebolla esté transparente, unos 4 a 5 minutos.

4. Añade el arroz, la pasta de tomate, el caldo de pollo y el color. Revuelve bien y deja que hierva. Reduce el fuego a bajo y tapa la olla, cocina a fuego bajo durante unos 15 minutos. Añade las arvejas, las zanahorias y las habichuelas y cocina durante 7 minutos más, añade el pollo desmenuzado y el cilantro, mezcla bien con un tenedor, tapa y cocina por 5 minutos más. Sírvelo con aguacate.

Arroz congrí 🇨🇺

El congrí es uno de las guarniciones típicas de la comida cubana y no falta en una comelata que se respete. Cumpleaños, Noche Vieja, Fin de Año… en cualquiera de ellos viene bien servido con lechón asado y yuca. Yo lo aprendí a hacer con mi abuelita Gladys, que no era la mejor cocinera del mundo, pero tenía sus especialidades y, entre ellas, estaba este plato. La palabra congrí viene de Haití, donde a los frijoles colorados le dicen *congó* y al arroz *riz*. En otros países del Caribe y Centroamérica se preparan platos similares. En Cuba tenemos además los moros y cristianos, una receta parecida hecha con frijoles negros.

PARA 4 PERSONAS

INGREDIENTES

- 1 lata de 15.5 oz (439 g) de frijoles colorados
- 2 tazas de arroz blanco de grano largo
- 1 cucharadita de sal (aproximadamente)
- 2 dientes de ajo grandes pelados y bien machacados
- 2 cucharadas de aceite de oliva virgen extra
- Perejil fresco picadito (opcional)

PREPARACIÓN

1. Lava el arroz y escúrrelo bien. Añade agua a los frijoles, hasta completar 3 tazas. Se vale enjuagar la lata para sacarle el fondo, como hacían nuestras abuelas siempre tan ahorrativas.
2. Mezcla todos los ingredientes en una cazuela mediana, tápala y cocina a fuego medio-alto durante 8 a10 minutos, hasta que se seque. Baja el fuego a mínimo y sigue cocinando otros 15 a 20 minutos, hasta que el arroz esté tierno.
3. Antes de servirlo, airéalo con un tenedor para que se vea desgranado. Colócalo en una fuente y espolvoréale por encima el perejil picadito.

Puedes hacerlo también con frijoles cocinados desde cero usando 3 tazas de líquido y añadiendo los granos de frijoles al bajar el fuego, una vez el arroz esté tierno.

Coquito 🇵🇷

En casi toda América tenemos ponches parecidos para celebrar
la Navidad, aunque reciben un nombre diferente. En Cuba tenemos la
crema de viè, en Venezuela el ponche crema, en México el rompope, en
Chile el cola de mono y en Puerto Rico el coquito, con ese delicioso sabor
a coco tan característico de esta isla caribeña. No olvidemos que a la Isla
del Encanto le debemos la piña colada.

> Es un regalo
> magnífico para las
> fiestas navideñas.
> Puede prepararse con
> dos o tres semanas
> de anticipación.

PARA 2 LITROS

INGREDIENTES

- 1 lata de 8 oz (240 g) de
  crema de coco
- 1 lata de 13.5 oz (400 ml)
  de leche de coco
- 1 lata de 14 oz (396 g)
  de leche condensada
- 1 lata de 12 oz (354 ml)
  de leche evaporada
- 1 taza de ron blanco
- ½ cucharadita de canela
  en polvo
- 1 cucharadita de extracto
  de vainilla
- ⅛ de cucharadita de nuez
  moscada
- 2 oz (60 ml) de coñac

PREPARACIÓN

1. Coloca todos los ingredientes en una licuadora y bate durante
   2 minutos. Si no te cabe todo, hazlo en dos tandas y luego mezcla
   todo en un recipiente de mayor tamaño.
2. Con ayuda de un embudo, vierte el coquito en dos botellas
   de 1 litro cada una y pon a enfriar al menos un par de horas,
   o mejor, de un día para otro.
3. Bate bien la botella antes de servir.

Ensalada de betabel y naranja 🇲🇽

No sé si son los colores brillantes de los ingredientes o su combinación lo que hace esta ensalada perfecta para cualquier celebración. También puede ser la combinación de texturas o tal vez el sabor. Te dejo la receta para que veas por qué lo digo.

> Si quieres ponerle más color a la ensalada, sírvela con una cascada de naranja cortada en tiras delgadas.

PARA 4 PERSONAS

INGREDIENTES

- 8 betabeles chicos
- 3 naranjas peladas y cortadas en rodajas
- ⅓ de taza de nuez pecana tostada y picada
- 10 hojas de menta cortada en juliana

Para la vinagreta
- ⅓ de taza de echalote rebanado
- 3 cucharadas de vinagre de vino blanco
- 3 cucharadas aceite de oliva
- ½ cucharadita de sal
- Pimienta negra recién molida

PREPARACIÓN

1. En una olla pon los betabeles y cúbrelos con agua. Pon a fuego medio alto, alrededor de 20 minutos, hasta que estén suaves cuando los picas con un tenedor.
2. Mientras se cocinan los betabeles, pela las naranjas y córtalas en rebanadas. Quita las semillas y reserva.
3. Para hacer la vinagreta, pon el echalote cortado en un tazón, el vinagre, el aceite de oliva, la sal y la pimienta. Mezcla y deja reposar unos 10 minutos.
4. Cuando estén listos los betabeles, déjalos enfriar y pélalos. Córtalos en cuartos y ponlos en un platón. Coloca encima las rebanadas de naranja, sirve la vinagreta con una cuchara, espolvorea las nueces y la menta.

Ensalada rusa 🌍

Recuerdo que siempre comíamos está deliciosa ensalada de papas para acompañar el famoso pernil de cerdo que hacía mi abuela y en casi todas las fiestas de mi familia en Colombia. Es un excelente acompañamiento para cualquier tipo de carne durante la semana. También para servir en una fiesta o en una comida al aire libre.

PARA 6 PERSONAS

INGREDIENTES

- 6 papas grandes peladas, cocidas y cortadas en cubos de aproximadamente ½ pulgada (1.5 cm)
- 1 taza de mayonesa
- 1 taza de zanahorias cocidas y cortadas en cubos de aproximadamente ¼ de pulgada (0.5 cm)
- 1 taza de arvejas cocidas
- ¼ de taza de crema de leche o crema agria
- Sal y pimienta
- ½ taza de cebolla blanca rallada
- ¼ de taza de cilantro o perejil fresco y picado
- ½ cucharadita de comino molido
- ¼ cucharadita de pimentón molido
- El jugo de ½ limón

PREPARACIÓN

1. En un tazón pequeño mezcla la mayonesa, la crema de leche, el jugo de limón, la sal, la pimienta y el comino. Reserva.
2. Coloca las papas en un tazón grande, agrega la cebolla rallada, las zanahorias, las arvejas y el cilantro. Añade la mezcla de mayonesa y mezcla bien. Refrigera hasta que esté lista para servir. Sirve fría o a temperatura ambiente.

Pastelón de yuca 🏴

Prácticamente toda una comida en un solo plato. Debes probarlo tan pronto tengas yuca a la mano.

PARA 4 PERSONAS

INGREDIENTES

- 1 ½ lbs (0.70 kg) de yuca, pelada, lavada y cortada en trozos
- Sal
- ½ taza de leche
- 2 cucharadas de mantequilla
- 1 huevo

Para el relleno
- 4 pechugas de pollo
- 2 ramitas de perejil fresco
- 2 dientes de ajo majados
- Sal
- Pimienta
- 2 cucharadas de mantequilla
- 3 cebollas grandes cortadas en tiritas
- 2 cucharadas de harina todo uso
- 1 taza de leche
- ⅓ de taza de queso parmesano

Para armar
- 2 cucharadas de mantequilla (para engrasar el molde)
- 2 tazas de queso *mozzarella*

PREPARACIÓN

1. Hierve la yuca en agua a la que has agregado 1½ cucharaditas de sal. Cuando la yuca esté blanda (15 a 20 minutos), retira del agua. Mezcla la yuca con la leche y la mantequilla y maja hasta que obtengas un puré suave y sin grumos. Prueba y sazona con sal al gusto. Agrega el huevo y mezcla bien. Reserva.
2. Para hacer el relleno, coloca las pechugas en una olla, junto con el perejil y el ajo. Agrega agua hasta cubrir el pollo, más una cucharadita de sal y una pizca de pimienta. Hierve el pollo hasta que esté blando (de 20 a 25 minutos), agrega más agua si es necesario.
3. Retira el pollo del agua (puedes guardar este caldo y usarlo en sopas). Déjalo enfriar a temperatura ambiente y luego desmenúzalo.
4. En una sartén, calienta la mantequilla a fuego muy bajo. Agrega la cebolla y cuece removiendo hasta que se tornen translúcidas. Agrega el pollo y cuece hasta que el pollo esté caliente. Espolvorea con la harina y mezcla bien. Agrega la leche y cuece hasta que el líquido se convierta en una salsa bien espesa. Retira del fuego y mezcla con el parmesano.
5. Prueba y sazona con sal y pimienta al gusto. Reserva.
6. Para armar el pastel, engrasa un molde mediano de 8 x 8 pulgadas (20 x 20 cm). Precalienta el horno a 300 °F (150 °C).
7. Pon la mitad de la yuca en el molde y distribuye uniformemente usando un tenedor. Cubre con la mitad de la *mozzarella*.
8. Agrega el pollo y distribuye en una capa uniforme, seguido por el resto de la yuca. Cubre con el resto de la *mozzarella*.
9. Cuece en el horno durante 35 minutos o hasta que el queso dore en la orilla.
10. Sirve caliente.

Pescado con salsa de mariscos al ajillo 🌎

Esta receta está inspirada en un platillo similar que probé hace años en Salinas, Ecuador. Me encanta el pescado asado y mi truquito para que quede perfecto es usar una parrilla doble eléctrica, tipo *panini grill*. Se puede controlar la temperatura, se cocina por ambos lados y en solo 3 a 4 minutos quedan listos. Yo uso una combinación de camarones o gambas, calamares y conchitas de abanico (*bay scallops*) para la salsa. Puedes usar la combinación que te guste, lo importante es que sean de cocción rápida. Esta salsa es tan deliciosa que a veces la sirvo como aperitivo con tajadas de pan de ajo.

PARA 4 PERSONAS

INGREDIENTES

- 4 filetes gruesos de pescado (puedes usar dorado, corvina, róbalo, halibut, bacalao, etc.)
- ½ cucharada de aceite vegetal
- ½ lb (0.22 kg) de camarones crudos, pelados y sin venitas
- ½ lb (0.22 kg) de calamares cortados en rodajas
- ½ lb (0.22 kg) de vieiras o conchitas de abanico pequeñas
- 2 cucharadas de mantequilla
- 2 cucharadas de cebolla blanca picada finamente
- 6 dientes de ajo pelados y machacados o picaditos
- ¼ de taza de vino blanco
- ½ taza de crema de leche
- Sal y pimienta
- Perejil fresco picadito

PREPARACIÓN

1. Para asar el pescado, precalienta la parrilla a temperatura alta (puede ser parrilla eléctrica o asador exterior).
2. Frota los filetes de pescado con aceite y sazónalos con sal y pimienta.
3. Asa el pescado al punto de cocción deseado. El tiempo exacto varía según la parrilla que usas y el grosor de los filetes. Los gruesos tardan unos 5 a 6 minutos por lado.
4. Si estás usando una parrilla doble eléctrica (*panini grill*) lo puedes asar justo al terminar de preparar la salsa de mariscos, ya que el pescado se cocina en solamente de 3 a 4 minutos.
5. Para preparar la salsa de mariscos, derrite la mantequilla a temperatura media en una sartén de buen tamaño.
6. Añade la cebolla y el ajo y cocina por unos dos minutos.
7. Agrega los camarones o gambas y cocina por 1 minuto.
8. Añade el vino blanco, mezcla bien y cocina a fuego alto por 1 minuto.
9. Agrega la crema de leche y cocina hasta que los camarones estén casi listos.
10. Añade el calamar y las conchitas de abanico, cocina por aproximadamente dos minutos, o hasta que estén listos, y retira la sartén del fuego.

Ideas para acompañar

- Arroz
- Patacones (tostones) o plátanos verdes fritos
- Curtido de cebolla y tomate o una ensaladita a tu gusto
- Salsa picante
- Tajadas de limón

11. Sirve la salsa de mariscos al lado o encima del pescado y espolvoreado con perejil picado.

12. Acompaña el pescado y la salsa de mariscos con una tajada de limón y las guarniciones de tu preferencia.

Pollo (o pavo) asado al chimichurri 🌎

El aroma del pollo o pavo asado me recuerda cuando mi mamá lo preparaba en casa. Ella tenía un pequeño gallinero y sólo comíamos gallina en ocasiones especiales o cuando alguna gallina estaba muy vieja. A mi mamá le daba cargo de conciencia tener que matar una gallina, así que para minimizar el sufrimiento de la gallina, le abría el pico y le daba una copa de aguardiente.

PARA 6 PERSONAS (POLLO) O PARA 12 PERSONAS (PAVO)

INGREDIENTES

- 1 pollo entero de 4 a 5 lb (1.80 a 2.27 kg) o 1 pavo de 15 a 18 lb (6.80 a 8.16 kg)
- 2 tazas de vino blanco (para el pavo)

Para la mantequilla de chimichurri

- 1 taza de mantequilla a temperatura ambiente
- 1 taza de perejil fresco (solo las hojas) sin apretar
- 6 ramitas de orégano fresco (sólo usa las hojas)
- 1 taza de hojas de albahaca fresca sin apretar
- 6 a 8 dientes de ajo pelados y machacados
- 4 tallos de cebollita de verdeo
- 1 a 2 cucharaditas de pimentón molido, dulce o picante
- 3 a 4 cucharadas de vinagre de vino tinto

PREPARACIÓN

1. Coloca los ingredientes para la mantequilla de chimichurri, con excepción de la mantequilla, en un mini-procesador de alimentos y mezcla hasta que todas las hierbas estén finamente picadas.
2. Agrega la mantequilla y continúa pulsando hasta que obtengas una mezcla cremosa. Si no tienes procesador de alimentos, pica finamente las hierbas y luego usa un tenedor o batidor de mano para mezclarlas con el resto de los ingredientes y la mantequilla. Mezcla bien hasta que todos los ingredientes estén bien incorporados.
3. Para hornear el pollo, frótalo con la mitad de la mantequilla de chimichurri, incluyendo debajo de la piel (esto ayudará a la que la carne se mantenga jugosa). Guarda el resto de la mantequilla para bañar el pollo cuando lo hornees o para servir con el pollo asado.
4. Precalienta el horno a 425 °F (220 °C).
5. Coloca las verduras (cebollas, papas, etc.) debajo del pollo en la bandeja para asar.
6. Hornea el pollo (sin cubrir) a 425 °F (220 °C) durante 30 minutos.
7. Baja la temperatura a 400 °F (200 °C) y baña el pollo con sus jugos. Continúa horneándolo durante 50 a 60 minutos más, bañándolo con sus jugos de vez en cuando.
8. Durante los últimos 5 a 10 minutos en el horno agrega 1 a 2 cucharadas de la mantequilla de chimichurri restante por encima.

- 1 cucharada de jugo de limón
- Sal y pimienta
- Verduras al gusto (papas, cebollas, zanahorias) y suficientes para cubrir el fondo de la bandeja donde hornearás el pollo o pavo (opcional)

Si vas a hacer la receta con pavo:

Sigue los pasos 1 al 6.

7. Agrega 2 tazas de vino blanco (a temperatura ambiente, no frío) a la bandeja. Baja la temperatura a 375 °F (190 °C) y déjalo hornear durante 90 minutos. Baña al pavo con sus jugos cada 30 minutos.
8. Baja la temperatura a 350 °F (180 °C), cúbrelo con papel aluminio y hornéalo durante 60 a 75 minutos más o hasta que la temperatura interna del pavo, tomada en la parte interior del muslo, esté en 165 °F (75 °C).

Te aconsejo que utilices un termómetro para carnes para asegurarte de un resultado más seguro y que la carne no se sobrecocine o quede cruda. Si tienes un horno de convección recuerda que este cuece hasta 30 % más rápido que un horno convencional, por lo que debes ajustar el tiempo de cocción o usar un termómetro para medir la temperatura del pernil.

Puerco asado navideño 🇩🇴

Este es tradicionalmente el plato principal de nuestra cena navideña, el símbolo de la Navidad en la República Dominicana. Hay hasta villancicos en su honor.

PARA 12 PERSONAS

INGREDIENTES

Para la sazón

- ½ taza de aceitunas en salmuera sin semillas (descarta la salmuera)
- ½ taza de alcaparras
- 1 cebolla grande cortada en trozos
- 8 dientes de ajo pelados
- 1 cucharadita de perejil fresco picado
- 4 cucharadas de orégano en polvo
- 2 cucharadas de pimienta negra molida
- 1 taza de ajíes cubanela cortados en cubitos
- 4 cucharadas de jugo de naranja agria o limón
- 3 cucharadas de sal

Para el cerdo

- 8 lb (3.63 kg) de pernil de cerdo
- 1 limón verde cortado en mitades

PREPARACIÓN

1. Mezcla todos los ingredientes de la sazón y licúa hasta formar una pasta gruesa.
2. Clava un cuchillo para hacer varios cortes (túneles) en la carne lo más profundo posible en el lado opuesto de la piel (sigue la dirección de las fibras del músculo). Mantén una distancia de unas 3 pulgadas (7.6 cm) entre cortes.
3. Restriega la pierna con el limón haciendo que el jugo penetre en los cortes.
4. Usando una cucharita pequeña rellena los huecos con la sazón.
5. Unta la sazón restante sobre la superficie del lado contrario a la piel.
6. Deja reposar tapado en la nevera durante al menos unas 5 horas antes de hornear, preferiblemente toda la noche.
7. Lleva la pierna al horno en una bandeja con rejilla para que la carne no hierva en sus jugos. Coloca con la piel hacia arriba. Cuece en horno precalentado a 300 °F (150 °C) por 4 horas.
8. Si tienes un termómetro para carnes, retira del horno la pierna cuando el termómetro marque 160 °F (70 °C), tomando la temperatura en el centro de la pierna. Si no tienes un termómetro para carnes, pincha la pierna hasta el medio con un cuchillo afilado, asegúrate que no esté rosada la carne y tenga un color uniforme. Cuece por media hora más si lo requiere (con la piel hacia arriba). Repite de nuevo si es necesario.

Sancocho de siete carnes 🇩🇴

Este es, sin duda, uno de los más preciados tesoros culinarios dominicanos. Este popular plato se prepara en ocasiones especiales y celebraciones, y es la versión "deluxe" de nuestro sancocho.

PARA 10 PERSONAS

INGREDIENTES

- 1 lb (0.45 kg) de carne de res para sopas cortada en trozos pequeños
- 1 lb (0.45 kg) de carne de chivo (cabrito) cortado en trozos pequeños
- 1 lb (0.45 kg) de carne de cerdo para sopas cortado en trozos pequeños
- Jugo de 2 limones verdes
- 1 cucharadita de cilantro o perejil fresco picado
- ½ cucharadita de orégano en polvo
- 1 cucharada de ajo majado
- Sal
- 4 cucharadas de aceite
- 1 lb (0.45 kg) de pollo cortado en trozos pequeños
- 1 lb (0.45 kg) de costillas de cerdo cortadas en trozos pequeños
- 1 lb (0.45 kg) de longaniza cortada en trozos pequeños
- 1 lb (0.45 kg) de huesos de jamón ahumado cortado en trozos pequeños
- 2 mazorcas de maíz cortadas en rebanadas de 1 pulgada (2.5 cm)
- ½ lb (0.22 kg) de ñame cortado en trozos pequeños
- ½ lb (0.22 kg) de auyama (calabaza) cortada en trozos pequeños
- 3 plátanos verdes (uno entero y otro cortado en rebanadas de 1 pulgada [2.5 cm])
- ½ lb (0.22 kg) de yuca cortada en trozos pequeños

PREPARACIÓN

1. Pon las carnes de res, cerdo y chivo en un bol grande. Agrega el jugo de limón. Sazona con perejil o cilantro, orégano, ajo y 1 cucharadita de sal. Mezcla bien y deja reposar en la nevera durante al menos media hora.
2. En un caldero u olla grande calienta el aceite a fuego alto. Agrega la carne de res, cerdo y chivo. Cuece hasta que doren, removiendo regularmente. Agrega el resto de las carnes y el maíz. Cuece removiendo por un par de minutos.
3. Baja el fuego a medio y agrega 3/4 de galón (2.80 lts) de agua. Cuece a fuego bajo hasta que rompa el hervor.
4. Una vez que el agua empiece a hervir, añade la auyama, el plátano rebanado, el ñame y la yuca. Ralla el plátano entero para convertirlo en pulpa y añádelo a la olla.
5. Cuece tapado a fuego bajo durante 25 a 30 minutos, hasta que los últimos ingredientes añadidos estén bien cocidos. También debería haberse espesado un poco el líquido. Si se seca demasiado, agrega agua según sea necesario. Prueba y agrega sal al gusto. Retira del fuego.
6. Sirve con arroz blanco y aguacate.

Puedes consumir unos cuantos tamales y congelar el resto en una bolsa Ziploc. Se mantienen en buenas condiciones por un par de meses. Luego, para calentarlos, llevas agua a ebullición en una cazuela, le pones un poquito de sal, bajas el fuego un poco y cocinas los tamales unos 15 a 20 minutos. Quedan muy ricos y rinde más adicionando unas masas de cerdo fritas a la masa antes de armarlos.

Tamales ☰

Los tamales cubanos están hechos con una variedad de maíz que no es muy dulce y que no es tan fácil encontrar en Estados Unidos, pero en mercados latinos pequeños o en fincas puede encontrarse congelado y ya molido y así ahorrarás mucho trabajo.

Aunque los tamales pueden ser elaborados por una sola persona, tradicionalmente se prepara en familia para aligerar la faena. ¡Me trae tantos recuerdos de mi niñez este plato!

El maíz empleado para los tamales debe estar tierno. Si no está tierno, se dejan los granos en remojo durante un par de horas antes de molerlos y si la masa está seca, se agrega un poco de leche. Si utilizas hojas de maíz secas, que pueden conseguirse en casi todos los mercados, remójalas durante 30 a 45 minutos, escúrrelas y sécalas con un paño antes de comenzar a rellenarlas.

PARA 15 TAMALES

INGREDIENTES

- 4 cucharadas de aceite vegetal
- 1 pimiento verde mediano, picadito
- 1 cebolla mediana, picadita
- 5 dientes de ajo pelados y machacados
- 1 tomate mediano, picadito
- 1 taza de salsa de tomate
- ½ taza de agua
- 1 hoja de laurel
- Sal
- Pimienta
- 4 ½ tazas de maíz molido
- 30-35 hojas de maíz secas o frescas

PREPARACIÓN

1. Calienta el aceite a fuego medio en una cazuela mediana y pocha el pimiento y la cebolla, añade los ajos y el tomate, sofríe 2 minutos. Agrega los siguientes 5 ingredientes y cocina durante 10 a 12 minutos, hasta que el agua se evapore. Retira del fogón y deja refrescar unos 15 minutos. Mezcla con el maíz molido. Rectifica la sal.

2. Para armar un tamal haz una especie de bolsita, enrollando una hoja grande de maíz en forma de cono. La parte más ancha formará la boca de la bolsita, mientras que la estrecha la debes plegar hacia arriba, más o menos por la mitad del cono, para que el doblez forme el fondo de la bolsa. La sujetas con una mano y, con la otra, echas en ella unas cuantas cucharadas de la masa, sin llenarla demasiado. Para cerrar el tamal, enrolla la bolsita con otra hoja dispuesta a la inversa. Finalmente, ata el tamal con hilo de cocina, asegurándote de que no se abra, pero con cuidado para no romper las hojas. Una vez atada la bolsita, la apoyas en algún recipiente o sitio que permita situarla en posición vertical, con la boca hacia arriba para que no se derrame la masa. Repite el proceso con el resto de la masa y las hojas.

3. Pon a hervir abundante agua en una cazuela grande y agrega una cucharada de sal. Echa los tamales y cocínalos a fuego medio-alto, entre 45 minutos y 1 hora.

4. Retira las hojas en el momento de servirlos y ponles salsa picante o kétchup por encima.

Para picar

Arepitas de queso con hogao 🏴

Las arepas son una parte esencial del menú de los colombianos. Se pueden servir como plato principal o como pasabocas con los ingredientes que desees. El hogao es una de las salsas más populares de la cocina colombiana. Nosotros lo usamos como base de muchos platos típicos o simplemente como salsa para servir con patacones, yuca frita o con arepas.

PARA 12 PERSONAS

INGREDIENTES

Para las arepas

- 2 tazas de harina precocida de maíz blanca o amarilla (masarepa)
- 2 tazas de agua tibia
- 1 taza de queso *mozzarella* o queso blanco rallado
- 2 cucharadas de mantequilla
- 1 cucharadita de sal

Para el hogao

- 2 cucharadas de aceite vegetal
- 1 tallo de cebolla larga picado
- ¼ de taza de cebolla blanca picada
- 2 tazas de tomates picados
- 1 diente de ajo pelado y picado
- 1 cucharadita de comino molido
- Sal y pimienta

PREPARACIÓN

1. Para las arepas, combina la harina, el agua, el queso, la mantequilla y la sal, mezclando bien. Deja que la mezcla repose durante 5 minutos.
2. Amasa durante unos 3 minutos humedeciendo las manos con agua. Forma arepas de alrededor de 1½ pulgadas (1.3 cm) de diámetro.
3. Añade la mantequilla en una sartén antiadherente a fuego medio. Coloca las arepas en la sartén y cocina durante aproximadamente 3 minutos por cada lado o hasta que estén doradas.
4. Para el hogao, calienta el aceite en una sartén, añade el tomate, la cebolla larga, la cebolla blanca, el ajo, el comino, la sal y la pimienta. Cocina a fuego medio durante 15 a 20 minutos, revolviendo ocasionalmente hasta que la salsa haya espesado. Ajusta la sazón al gusto. Sirve con las arepas.

Bollitos de yuca 🏴

Estas bolitas son una picadera muy popular en la República Dominicana, fáciles de hacer y con ingredientes comunes en nuestra cocina.

PARA 12 BOLLITOS

INGREDIENTES

- 1 lb (0.45 kg) de yuca pelada y cortada en trozos
- Sal
- 2 cucharadas de mantequilla
- 1 cucharadita de perejil rizado fresco picadito
- ¼ de taza de leche
- 4 tazas aceite para freír (más extra para engrasar las manos)
- ½ lb (0.22 kg) de queso Cheddar cortado en cubitos
- 2 huevos batidos
- ¼ de taza de harina de todo uso

PREPARACIÓN

1. Hierve la yuca con suficiente agua para cubrirla y 1 cucharadita de sal hasta que esté bien blanda (15 a 20 minutos).
2. Retira del agua y pon la yuca hervida en un platón hondo. Agrega la mantequilla, el perejil y la leche. Maja con un tenedor hasta que no tenga grumos. Prueba y sazona con sal al gusto.
3. Engrasa tus manos con un poco de aceite. Pon dos cucharadas de la yuca en la palma de la mano y aplasta. Pon un cubito de queso en el centro y dale forma de bola. Repite hasta que no quede yuca. La yuca es muy pegajosa, así que mantén las manos engrasadas.
4. Baña las bolas con el huevo batido. Cúbrelas con harina y sacude el exceso. Colócalas en una bandeja con papel de hornear.
5. Pon la bandeja destapada en la nevera o refrigerador por 2 a 4 horas antes de freír (esto hará que pierdan un poco de humedad y no se rompan al freír).
6. Retira las bolas de la nevera y fríe de inmediato de dos en dos a fuego medio-alto en aceite bien caliente. Voltéalas a media cocción; deben adquirir un color dorado claro.
7. A medida que las vayas friendo, ponlas a escurrir en papel absorbente para eliminar el exceso de grasa y sirve caliente.

Ceviche de camarón y aguacate 🚩

En Ecuador, tenemos una variación del ceviche de camarón que se llama "ceviche de Jipijapa", que es el nombre una pequeña ciudad en la costa ecuatoriana donde se origina este ceviche. El ceviche de Jipijapa se sirve con aguacate y crema de maní (cacahuate). Si deseas probar esa variación, simplemente agrega un poquito de crema de maní (o maní molido) a tu plato de ceviche.

PARA 4 PERSONAS

INGREDIENTES

- 2 lbs (0.90 kg) de camarones medianos ya cocidos y pelados
- 1 cebolla colorada grande, cortada en rodajas finas
- 2 tomates cortados en cubitos
- ½ pimiento verde cortado en cubitos
- ⅓ a ½ taza de jugo de naranja agria o una mezcla de jugo de naranja y limón
- ½ taza de jugo de limón
- 2-3 cucharadas de cilantro fresco finamente picado
- 1 ají o chile picante picado en rodajas finas o en cubitos (opcional)
- 2 aguacates pequeños, cortados en cubitos
- 1-2 cucharadas de aceite de aguacate
- Sal

Para acompañar
- Patacones (tostones)
- Canguil (palomitas de maíz)

PREPARACIÓN

1. Pon las rodajas de cebolla en un bol, espolvorea con un poco de sal y cubre con agua fría. Escurre el agua y enjuaga bien.
2. Mezcla la mitad de las rodajas de cebollas lavadas con dos cucharadas de jugo de limón y un poco de sal.
3. Mezcla los camarones cocidos con la otra mitad de las rodajas de cebollas, la mitad de los tomates, los pimientos verdes, la mitad del cilantro, el ají o chile picante, el jugo de naranja agria, el resto del jugo de limón y sal. Refrigera y deja marinar durante unos 30 minutos.
4. Al momento de servir el ceviche, agrega el aguacate, las cebollas marinadas o encurtidas con limón, el resto de los tomates, el cilantro y el aceite. Mezcla bien, prueba y agrega sal adicional si lo necesita.
5. Sirve el ceviche de camarón y aguacate con las guarniciones que prefieras. Algunas opciones pueden ser patacones/tostones, canguil (palomitas de maíz), salsa picante o ajíes/chiles frescos picados, crema de maní, salsa de tomate, mostaza, etc.

Coctel de camarones

El coctel de camarón es un aperitivo sencillo y rápido de preparar. Es un plato muy popular en las costas de Colombia. Es una de las recetas favoritas de mi hermana y, cuando vivía en Colombia y salíamos a comer, siempre compartíamos un coctel de camarones con galletas de soda o patacones como aperitivo. Guarda en la nevera hasta el momento de servir.

PARA 4 PERSONAS

INGREDIENTES

- 1 lb (0.45 kg) de camarones cocidos, pelados y limpios
- ½ taza de mayonesa
- ¼ de taza de salsa de tomate
- ¼ de taza de cebolla roja picada
- El jugo de 2 limones
- ¼ de cucharadita de salsa picante (opcional)
- 1 cucharada de aceite de oliva
- ¼ de taza de perejil o cilantro fresco picado y un poco más para adornar
- Sal y pimienta

PREPARACIÓN

1. En un tazón combina la mayonesa, la salsa de tomate, la cebolla roja, el jugo de limón, la salsa picante, el aceite de oliva y el perejil.
2. Agrega los camarones cocidos y mezcla bien. Sazona con sal y pimienta a tu gusto. Sirve con galletas o patacones y decora con perejil picado o cilantro.

Croquetas de jamón 🌎

Nadie ha dicho que las croquetas no sean trabajosas, pero son muy sabrosas. Y estas quedan que se te derriten en la boca. Si calientas la leche a fuego lento con un hueso de jamón antes de hacer la bechamel y, por supuesto, lo retiras antes de comenzar el paso 2 de la preparación, el resultado será aún mejor. Es muy importante que cortes muy pequeñita la cebolla y los jamones para hacer esta receta.

PARA 13 CROQUETAS

INGREDIENTES

- 2 cucharadas de mantequilla sin sal
- 1 cucharada de cebolla blanca bien picadita
- 4 cucharadas de harina de trigo + ⅓ de taza para empanizar
- 1 taza de leche a temperatura ambiente
- Sal
- 1 pizca de pimienta negra recién molida
- ⅛ de cucharadita de nuez moscada
- 1 taza de jamón *Black Forest* bien picadito
- ½ taza de jamón serrano español bien picadito
- ½ cucharadita de vino seco (opcional)
- 2 huevos
- 1 taza de panko
- ½ lt de aceite de oliva

PREPARACIÓN

1. En una cazuela mediana derrite la mantequilla a fuego medio. Adiciona la cebolla y póchala. Añade 4 cucharadas de harina y revuelve bien con una cuchara de madera hasta que empiece a tomar un color dorado y se despegue la masa de la cazuela. Esto sucede muy rápido. Cuidado no se te queme.

2. Agrega un chorrito de leche y mézclala bien con la masa. Una vez que la masa se comienza a despegar de la cazuela, agrega otro poquito de leche. Repite el proceso unas 6 a 8 veces y cuando vayas a poner el último poco de leche, añade una pizca de sal, una de pimienta y la nuez moscada.

3. Apaga el fuego e incorpora bien los jamones y el vino seco a la masa. Coloca la masa en un recipiente de cristal, preferiblemente uno grande donde se esparza bastante, para que se enfríe más rápido. Tápalo con un paño y ponlo en el refrigerador dos horas o mejor de un día para otro.

4. Coloca tres platos en la meseta, uno con el resto de la harina, otro con los huevos batidos y otro con panko. Divide la masa en 13 porciones usando un cuchillo o ve agarrando pedazos más o menos del tamaño de una pelota de pimpón con ayuda de una cuchara. Dale forma cilíndrica y pasa cada croqueta primero por harina, luego por huevo y finalmente cúbrelas con panko. Ve reservándolas en una bandeja o un plato grande.

5. Pon a calentar el aceite a fuego medio alto. Cuando esté a 350 °F (180 °C) fríe las croquetas en dos o tres tandas por 3 a 4 minutos, hasta que se doren. Según estén listas, retíralas con una espumadera y ve poniéndolas en un colador o sobre papel toalla para eliminar el exceso de grasa.

Puedes congelarlas y luego ponerlas a freír directamente en el aceite caliente a la hora de comerlas. Probablemente les tengas que dar un par de minutos más.

Empanadas de chorizo y queso 🇲🇽

Estas empanadas fueron inspiradas por el choriqueso mexicano, también conocido como queso fundido con chorizo, un *dip* caliente de queso derretido con chorizo que se come acompañado con chips de tortillas o tortillas de maíz.

Si quieres ahorrar un poco de tiempo al preparar esta receta puedes usar discos de empanadas comprados. Las empanadas también se pueden armar con anticipación y refrigerar hasta el momento de freírlas. Quedan divinas acompañadas de salsa de aguacate o guacamole.

PARA 12 EMPANADAS

INGREDIENTES

Para la masa
- 3 tazas de harina todo uso
- ½ cucharadita de sal
- 1 cucharada de azúcar
- 1 cucharadita de polvo de hornear
- 1 barra (4 oz [115 g]) de mantequilla a temperatura ambiente
- ¾ de taza de agua

Para el relleno
- 1 cucharada de mantequilla
- ½ cebolla blanca o cebolla perla finamente picada
- ½ lb (0.22 kg) de chorizo fresco mexicano desboronado
- 1 ½ tazas de queso Oaxaca o queso *mozzarella* rallado
- ½ taza de queso fresco desmenuzado
- 2-3 tazas de aceite vegetal

PREPARACIÓN

1. Para hacer la masa de las empanadas, mezcla la harina, la sal, el azúcar y el polvo de hornear en el procesador de alimentos.
2. Añade la mantequilla y ½ taza de agua. Mezcla bien y agrega agua poco a poco hasta que se formen bolitas pequeñas de masa. Forma una bola y trabaja la masa por unos minutos
3. Si no tienes procesador de alimentos, sigue el mismo orden para agregar los ingredientes, pero mezcla todo en un bol grande usando las manos. Trabaja la masa hasta que quede suave y elástica. Puedes agregar agua adicional si la masa está seca o un poquito de aceite si la masa está pegajosa.
4. Para hacer los discos divide la masa en 12 partes iguales y forma pequeñas bolas de masa (de entre 1.5 a 2 oz [45 a 60 g] cada una).
5. Usa el rodillo o una prensa para tortillas para estirar la masa y darle una forma redonda. Es importante que la masa quede muy delgadita porque al freírse tiene que cocinarse muy rápido.
6. Para hacer el relleno, primero calienta la mantequilla en una sartén a fuego medio bajo, añade la cebolla y cocina hasta que estén suaves, unos 5 minutos.
7. Agrega el chorizo y cocina a fuego medio hasta que esté completamente cocido. Retíralo del fuego y deja que el chorizo cocido se enfríe completamente antes de usarlo.
8. Mezcla el queso oaxaca o *mozzarella* rallado con el queso fresco desmenuzado.

9. Para armar las empanadas, pon una cucharada de la mezcla de queso y una cucharada de chorizo en el centro de cada disco de empanada.

10. Dobla los discos y sella los bordes suavemente con los dedos. Para formar el repulgue, gira y dobla los bordes de las empanadas con los dedos. También puedes usar el filo de un tenedor para sellar los bordes.

11. Deja que las empanadas reposen en el refrigerador durante una hora antes de freír. Esto les ayudará a sellarse mejor y evitar que se abran al freírse.

12. Calienta el aceite en una cacerola o en una freidora eléctrica. Asegúrate de agregar suficiente aceite para que por lo menos cubra la mitad de la empanada. Cuando el aceite esté bien caliente, añade las empanadas y fríelas hasta que estén completamente doradas, aproximadamente 1 minuto por lado. No es recomendable freír demasiadas empanadas juntas a la vez, es más fácil freírlas en grupos de dos o tres.

13. Al sacar las empanadas de la cacerola ponlas sobre toallas de papel para que se absorba la grasa.

14. Sirve las empanadas inmediatamente con guacamole.

Guacamole con mango 🇲🇽

Esta receta de guacamole con mango es la estrella de las fiestas y reuniones. Me acuerdo que una vez la llevé a una albercada de los amigos de mis hijos, al principio nadie me creía que la combinación mango-aguacate podría estar rica, pero cuando probaron mi botana a todos les encantó. Días después recibí una llamada de una amiga pidiéndome la receta, me dijo que desde ese día moría de antojo y que tenía que volver a comerla.

PARA 6 PERSONAS

INGREDIENTES

- 2 cucharadas de cebolla morada o blanca picada muy finita
- El jugo de 1 o 2 limones
- 1 aguacate en cuadritos
- 1 chile serrano en cuadritos
- Un puñado de cilantro fresco picado
- Sal de mar

PREPARACIÓN

1. En un tazón, pon la cebolla y el jugo de limón.
2. Añade el aguacate, el mango, el chile serrano y el cilantro, ponle sal al gusto. Prueba y ajusta la sazón si es necesario.

Este guacamole queda perfecto como botana si lo sirves con tortilla chips o como salsa para terminar unos buenos tacos o flautas.

Huevos rellenos de cangrejo ⊕

Los huevos rellenos, también conocidos como huevos endiablados, me traen recuerdos de mi abuelita en Texas. Ella los preparaba para las reuniones y comidas familiares, para ocasiones especiales o a veces simplemente porque se le antojaban. En esas ocasiones, yo tenía que controlarme para no comerme la bandeja entera porque de lo contrario no quedaban para los demás.

PARA 6 PERSONAS

INGREDIENTES

- 6 huevos
- ½ cucharadita de bicarbonato de sodio
- ½ taza de carne de cangrejo cocida desmenuzada
- 2 cucharadas de cebolla colorada picadita
- 2 cucharadas de pimiento rojo picadito
- 2 cucharadas de pimiento verde picadito
- 2 cucharadas de pepino o pepinillos encurtidos finamente picados
- 2 rábanos picaditos
- 1 cucharada de cilantro fresco finamente picado
- 2 cucharadas de jugo de limón
- 1 cucharada de aceite de oliva
- 1 cucharada de mayonesa
- 1 cucharadita de mostaza
- 1 cucharadita de comino en polvo (opcional)
- Sal y pimienta

Para decorar y servir
- Carne de cangrejo adicional (opcional)
- Cebollines y hojas de eneldo
- Hojas de lechuga

PREPARACIÓN

1. Llena una olla mediana con agua, el bicarbonato y una pizca de sal. Lleva a ebullición y agrega los huevos cuidadosamente. Deja hervir durante 12 minutos. Pon los huevos ya cocidos en un bol con agua fría y déjalos enfriar completamente antes de quitarles la cascara.
2. En un bol, mezcla la carne de cangrejo con la cebolla, el pimiento, el pepino, el rábano, el jugo de limón, el aceite de oliva, el cilantro, la sal y la pimienta. Guarda esta ensalada en el refrigerador hasta que lo necesites.
3. Corta los huevos duros pelados por la mitad verticalmente y usa una cucharita para sacar las yemas.
4. Usa un tenedor para aplastar y triturar las yemas de huevo duro con la mayonesa y la mostaza hasta obtener una mezcla cremosa sin muchos grumos. Agrega comino (si lo deseas) y sal a tu gusto.
5. Agrega la ensalada de cangrejo a la mezcla de las yemas de huevo con mayonesa (puedes guardar un poquito de la ensalada para decorar) y mezcla bien.
6. Usa una cuchara para rellenar las mitades de los huevos con el relleno.
7. Decora los huevos rellenos con la ensalada o con pedazos de cangrejo desmenuzado, cebollines y hojas de eneldo. Para servir, puedes ponerlos encima de hojas de lechuga.

Kipes

Kipe es la popular versión dominicanizada del *kibbeh*, introducido por inmigrantes del Medio Oriente que llegaron al país en el siglo XIX.

PARA 8 KIPES

INGREDIENTES

- 1 taza de trigo fino (bulgur)
- Agua a temperatura ambiente
- 1 ají cubanela picado
- 1 cebolla pequeña picada
- 2 cucharadas de perejil fresco picado
- 1 lb (0.45 kg) de carne de res molida
- ¼ de cucharadita de pimienta molida
- Sal
- 2 tazas de aceite vegetal + 2 cucharadas
- 1 cucharada de pasta de tomate
- ¼ de taza de pasas

PREPARACIÓN

1. El día anterior, pon el trigo en un tazón y agrega suficiente agua para cubrir, luego agrega otras cuatro tazas más de agua y deja remojar en la nevera durante la noche.
2. Coloca el ají, la cebolla y el perejil en el procesador de alimentos para obtener una pasta gruesa.
3. Pon la carne en un recipiente profundo y sazona con la pasta que acabas de hacer.
4. Sazona con la pimienta y 2 cucharaditas de sal. Mezcla hasta combinar todo.
5. Reserva dos tercios de esta carne con la que luego haremos la cubierta de los kipes. Con el tercio restante procedemos a hacer el relleno en los pasos siguientes.
6. Calienta dos cucharadas de aceite a fuego medio en una sartén. Cuando el aceite esté caliente agrega el tercio de la carne que separaste. Dora la carne.
7. Agrega la salsa de tomate y mezcla bien.
8. Agrega ½ taza de agua y las pasas y cuece a fuego medio.
9. Cuando todo el líquido se haya evaporado, prueba y agrega sal si es necesario. Deja enfriar a temperatura ambiente.
10. Para hacer los kipes, cuela el trigo, luego exprime con una tela de algodón limpia para sacar toda el agua posible (¡esto es muy importante!).
11. Agrega al trigo la carne cruda que habías reservado. Usando las manos, mezcla la carne con el trigo hasta que todo esté uniformemente incorporado (alrededor de 5 minutos), de esto depende que no se deshaga el kipe cuando lo frías. Si tienes un procesador de alimentos, puedes mezclar 2 minutos en éste en vez de hacerlo a mano.
12. Pon 3 cucharadas de la mezcla en las manos y dale forma de bola. Con el dedo índice haz un hoyo en la bola, ahuecando para rellenar. Rellena

con 1½ cucharaditas del relleno preparado anteriormente y une cerrando el hoyo. Pellizca los extremos para darle su forma tradicional (como ves en la foto), apretando para que quede lo más compacto posible. Coloca sobre una bandeja con papel de hornear y repite con el resto del trigo.

13. Refrigera los kipes tapados con *film* plástico por unas seis horas.

14. Calienta el aceite a temperatura media en una olla de freír profunda (con la suficiente altura para cubrir todo el kipe). El aceite debe estar caliente o se romperán.

15. Usando una coladera pon los kipes (recién sacados de la nevera) en el aceite. Fríe uno o dos a la vez para que la temperatura del aceite no baje mucho, voltea a mitad de cocción. Después de freír (5 a 7 minutos), los kipes deben quedar de color dorado oscuro por fuera.

16. Coloca sobre una toalla de papel para eliminar el exceso de aceite. Sirve calientes.

Papas rellenas con jamón y chorizo ▄

Si hay algo que me encanta picar a cualquier hora son las papas rellenas. Además, son especiales para compartir con tus amigos y familiares en las fiestas.

PARA 20 PAPAS RELLENAS

INGREDIENTES

- 4 oz (70 g) de chorizo español molido
- ½ cebolla blanca bien picadita
- 4 oz (70 g) de jamón tipo *Black Forest* molido
- 4 lb (1.80 kg) de papas rojas medianas
- Sal
- ½ taza de harina de trigo
- 3 huevos
- Pimienta
- 2 tazas de panko o de pan molido
- 4 ¼ tazas (1 lt) de aceite vegetal

PREPARACIÓN

1. Calienta una sartén a fuego medio y pon el chorizo molido. Cuando comience a soltar la grasita, añade la cebolla e incorpórala bien. Sigue removiendo a cada rato y cocina durante 7 a 8 minutos. Agrega el jamón molido, intégralo bien y sigue cocinando unos 4 a 5 minutos. Pásalo a un cuenco y resérvalo.

2. Pela las papas y córtalas en cuatro. Ponlas en una cazuela grande con agua que las cubra y una cucharadita de sal. Cocínalas a fuego medio-alto durante 20 a 25 minutos. Escúrrelas y májalas bien en un cuenco grande.

3. Toma aproximadamente 2 cucharadas colmadas de puré de papas y haz una bolita como del tamaño de una pelota de tenis, abre un hueco en medio y echa una cucharada del picadillo reservado. Cierra la papa de modo que el picadillo quede en el centro y la papa quede redonda. Colócala en un plato o sobre papel aluminio. Haz lo mismo con el resto de la papa y el picadillo.

4. Pasa cada papa por harina, huevo batido salpimentado y panko.

5. Calienta el aceite en la freidora eléctrica o en una cazuela honda. Es preferible que las papas queden completamente cubiertas en el momento de freírlas. La temperatura de la freidora debe llegar a 375 °F (190 °C).

6. Fríe las papas en tandas de 2 o 3 (según el espacio que tengas en tu freidora) durante 3 minutos aproximadamente. Cuando estén doradas, colócalas en un plato cubierto con papel toalla para que escurran un poco la grasa.

Salsa roja molcajeteada 🇲🇽

No hay nada más mexicano que una buena salsa molcajeteada, es decir, hecha en el molcajete (¡verás en mi receta que hasta lo uso como verbo!). El molcajete es la versión mexicana del mortero; está hecho tradicionalmente de piedra y hay que curarlo con arroz sin cocer antes de usarlo. Normalmente se usa para hacer salsas y guacamoles, y todo lo que hagas en él va a estar delicioso, pues le da un sabor especial a la comida.

PARA 2 A 3 TAZAS

INGREDIENTES

- 3 tomates grandes
- 1 cebolla mediana
- 2 o 3 chiles serranos
- Sal

PREPARACIÓN

1. En un comal bien caliente pon los tomates, la cebolla y los chiles. Cocina hasta que estén totalmente asados por todos lados.
2. Sácalos del comal conforme vayan estando totalmente asados y ponlos en el molcajete para dejarlos enfriar.
3. Cuando estén fríos, molcajetea hasta que te quede la textura de salsa que te guste. Agrega sal, prueba y ajusta si es necesario.

Para endulzar la vida

Alfajores ≡ 🌐

Los alfajores son galletas preparadas a base de maicena con relleno de manjar o dulce de leche. Son exquisitas y tienen una textura delicada que se derrite en la boca. Puedes probar variaciones diferentes usando rellenos como mermelada de guayaba, de mora o crema de avellanas y chocolate.

PARA 16 ALFAJORES

INGREDIENTES

Para las galletas de maicena
- 1 ¼ de taza (160 g) de harina de trigo
- 1 ¼ de taza (160 g) de maicena (almidón o fécula de maíz)
- 1 cucharadita de polvo de hornear
- ½ taza o 1 barra de 4 oz (115 g) de mantequilla sin sal, a temperatura ambiente
- ½ taza azúcar impalpable o glas, cernida
- 3 cucharadas de leche
- 2 yemas de huevo
- 1 cucharada de ralladura de limón
- 1 cucharadita de extracto de vainilla (opcional)

Para el relleno y para decorar
- ¾ de taza dulce de leche
- ½ taza coco seco rallado
- Azúcar impalpable (azúcar glas o flor)

PREPARACIÓN

1. Cierne la harina de trigo, la maicena y el polvo de hornear.
2. Con la batidora eléctrica, bate la mantequilla con el azúcar impalpable hasta obtener una mezcla sin grumos.
3. Agrega la leche, las yemas de huevo, la ralladura de limón y la vainilla. Continúa batiendo hasta que todos los ingredientes estén bien combinados.
4. Incorpora la mezcla de harinas a la crema de mantequilla y mezcla bien. La masa resultante no se debe adherir a ninguna superficie; si aún esta pegajosa puedes agregar un puñado adicional de harina.
5. Divide la masa en dos partes iguales y forma dos bolas de masa. Luego aplasta cada bola hasta obtener un disco grueso de masa. Refrigera por una hora.
6. Precalienta el horno a 375 °F (190 °C).
7. En una superficie enharinada extiende la masa con un rodillo hasta obtener un espesor de máximo cinco milímetros. Corta con un cortador de galletas redondo.
8. Pon las galletitas en una bandeja para hornear forrada con papel pergamino (papel de horno).
9. Hornea las galletas por unos 15 minutos o hasta que estén ligeramente doradas.
10. Cuando las galletas estén frías, coloca una cucharadita de dulce de leche en la superficie interna de la galleta (la parte que estaba pegada a la bandeja), espárcelo hasta los bordes y junta con otra galleta.
11. Pon el coco rallado en un plato y haz rodar cada galleta rellena en el coco.

Arroz con leche 🌐

Este es uno de esos postres que nos transporta al olor del hogar de los abuelos y su cariño sin límites. Comerlo es un viaje a nuestras raíces y, raspar el fondo del caldero o la olla después de llenar las cazuelitas o copas donde se sirva, puede llevar a una discusión o una rifa en un hogar concurrido. Se puede servir caliente, a temperatura ambiente o frío. A mí me gusta de las tres maneras, pero, eso sí, siempre con mucha canela por encima.

PARA 6 U 8 PERSONAS

INGREDIENTES

- 1 taza de arroz tipo Valencia
- ¼ de cucharadita de sal
- 1 litro de leche
- 1 pedazo de cáscara de limón
- 1 palo de canela
- ½ taza de azúcar
- 1 cucharada de coñac (opcional)
- Canela en polvo

PREPARACIÓN

1. Lava el arroz varias veces. Ponlo con 3 tazas de agua y la sal en una cazuela. Déjalo hervir a fuego medio. Muévelo a cada rato.
2. Mientras, a fuego medio también, aromatiza la leche con la cáscara de limón y la canela. Agrega el azúcar para que se disuelva.
3. Cuando se seque el arroz, retira la canela y el limón de la leche y viértela sobre el arroz junto al coñac. Cocina durante 20 minutos, removiendo a cada rato. Cuando comience a secarse, cocina otros 15 minutos a fuego bajo y sigue moviéndolo de vez en cuando.
4. Sirve en cazuelitas o copas individuales y espolvoréalo con canela en polvo al gusto.

Puedes hacerlo con arroz de grano largo, pero rinde menos.

Coconetes 🇩🇴

Estas galletas rústicas de coco son muy populares en la República Dominicana. Puedes entrar a cualquier colmado en cualquier parte del país y es casi seguro que las encontrarás.

PARA 12 COCONETES

INGREDIENTES

- ⅓ de taza de mantequilla, más extra para engrasar la bandeja de hornear (cantidad dividida)
- 1 ½ tazas de harina
- ½ cucharada de canela en polvo
- ½ cucharadita de polvo de hornear
- ¼ de cucharadita de sal
- 1 taza de azúcar parda
- 2 huevos
- 1 ¼ tazas de coco fresco, recién rallado y grueso

PREPARACIÓN

1. Engrasa la bandeja de hornear.
2. Cierne juntos harina, canela, polvo de hornear y sal. Reserva.
3. Mezcla azúcar y ⅓ de taza de mantequilla y bate en la batidora eléctrica a velocidad baja para acremar la mantequilla y hasta que adquiera un tono más pálido.
4. Agrega los huevos uno a uno mientras continúas batiendo. Retira de la batidora.
5. Con una espátula, mezcla el coco con la mantequilla seguido de la mezcla de harina.
6. Haz montoncitos de dos cucharadas sobre la bandeja de hornear.
7. Cuece en horno precalentado a 300 °F (150 °C) hasta que estén dorados (verifica a los 15 minutos).
8. Enfría a temperatura ambiente antes de servir.

Dulce frío dominicano 🇩🇴

El dulce frío es un postre dominicano muy popular. Aunque mi versión es un poquito más compleja, vale la pena el poco esfuerzo extra.

PARA 6 PERSONAS

INGREDIENTES

- 1 taza de leche condensada
- 2 tazas de leche evaporada
- 2 yemas de huevo
- 1 cucharada de extracto de vainilla
- 2 cucharadas de fécula de maíz
- ¼ de taza de ron (opcional)
- 20 *ladyfingers* o tostadas

Para la crema batida
- ½ taza de crema para batir, fría
- 2 cucharadas de queso crema, frío
- ⅓ de taza de azúcar
- 2 tazas de fruta picada fresca o de lata, fría

> Las tostadas o *ladyfingers* se pueden encontrar con un sinnúmero de nombres en los países de habla española: bizcochos de soletilla, vainillas, galletas de champaña, soletas, plantillas, etc.

PREPARACIÓN

1. Mezcla la leche condensada y la leche evaporada. Agrega las yemas, la vainilla y la fécula de maíz y combina. Hierve en baño María a fuego medio-bajo, removiendo constantemente. Cuando espese a la consistencia de leche condensada (5 a 7 minutos) retira del fuego y sigue revolviendo hasta que esté a temperatura ambiente. Cuela esta mezcla para eliminar cualquier grumo.
2. Vierte el ron en un plato. Sumerge brevemente las tostadas en el ron para humedecer la superficie. Coloca una capa de tostadas en un molde rectangular para servir. Vierte sobre las tostadas la mitad de la salsa que preparaste anteriormente. Coloca las tostadas restantes encima y vierte la otra mitad de la salsa sobre estas. Enfría en la nevera.
3. Para hacer la crema batida, enfría el vaso y el aditamento de alambre de la batidora eléctrica antes de usarla.
4. Vierte la crema y el queso crema en la batidora y bate a velocidad media hasta que forme picos firmes. Agrega azúcar y bate hasta que se incorpore, pero cuidando de no batir más de lo absolutamente necesario o la crema se volverá mantequilla.
5. Cubre las tostadas con la crema batida (puedes usar una manga para repostería para una presentación más atractiva). Coloca encima la fruta.
6. Sirve frío.

Flan de coco con caramelo de naranja 🌎

Mi esposo es el fanático número uno del flan. Lo he visto agarrar una cuchara y terminarse él solito un flan grande para 8 personas. Para este flan preparé el caramelo con jugo naranja y además le puse un poco de ralladura de naranja a la preparación. La combinación del sabor del coco con el toque cítrico de la naranja es una delicia. El truquito para que el caramelo tome ese color dorado es dejar que hierva sin removerlo durante aproximadamente 7 a 9 minutos.

PARA 8 PERSONAS

INGREDIENTES

Para el caramelo de naranja
- 1 taza de azúcar
- ¼ de taza de jugo de naranja
- ¼ de taza de agua

Para el flan de coco
- 6 huevos
- 1 lata (12 oz [354 ml]) de leche evaporada
- 1 lata (13.5 oz [400 ml]) de leche de coco
- 1 taza de coco rallado fresco o seco
- ¾ de taza de azúcar
- 1 cucharada de ralladura de cáscara de naranja
- 3 cucharadas de maicena (almidón o fécula de maíz)
- Una pizca de sal

Para servir
- Frutas, crema batida y coco rallado o tostado al gusto

PREPARACIÓN

1. Para preparar el caramelo, calienta el agua, el jugo de naranja y la taza de azúcar en una cacerola pequeña a fuego alto.
2. Deja que hierva y cocina sin remover durante 7 a 9 minutos o hasta que el caramelo empiece a tomar un color dorado oscuro.
3. Distribuye el caramelo caliente en 8 moldes individuales o en un molde rectangular de pan. También puedes usar un molde redondo de unas 9 pulgadas (23 cm).
4. Para preparar el flan, usa una batidora eléctrica o una licuadora para mezclar los huevos, la leche evaporada, la leche de coco, el coco rallado, el azúcar, la raspadura de naranja, la maicena y la pizca de sal. Licúa o bate hasta que todos los ingredientes estén bien incorporados.
5. Distribuye la mezcla anterior en los moldes.
6. Precalienta el horno a 350 °F (180 °C).
7. Hornea los flanes a baño María (en una bandeja grande de horno con agua que llegue hasta la mitad de la altura de los moldes) hasta que se cuajen, durante 40 a 50 minutos según el tamaño del molde.
8. Deja que los flanes se enfríen unos 30 minutos a temperatura ambiente y luego en el refrigerador durante 2 horas antes de servirlos.
9. Para desmoldar el flan de coco usa un cuchillo de mesa y despega con él los bordes del molde con cuidado. Lo puedes servir acompañado de fresas, frambuesas, coco tostado y/o crema batida.

Mousse de aguacate y limón 🇲🇽

Este *mousse* es rápido y nutritivo, cremoso y delicioso. Cuando era chica era uno de mis preferidos, pero no lo volví a comer más cuando me hice vegana. Cuando descubrí que al mezclar aguacates con limón, miel y crema de coco consigues la misma textura del *mousse* de limón que tanto me gustaba de niña, volvió a estar en mi lista de postres preferidos.

PARA 4 PERSONAS

INGREDIENTES

Ingredientes
- 1 aguacate sin hueso y pelado
- 2 cucharadas de jugo de limón
- ¼ de taza miel de arce (miel de *maple*)
- ¼ de taza de crema de coco

Para el *topping*
- ¼ de taza de almendras fileteadas
- 5 dátiles sin hueso
- ¼ de taza de coco rallado seco y sin endulzar
- ¼ de cucharadita de sal de mar
- 1 lata (13.5 oz [400 ml]) de leche entera de coco

PREPARACIÓN

1. Antes de comenzar, mete la lata de leche de coco al refrigerador de tres a seis horas. Cuando abras la lata la crema va a estar en la parte de arriba y el líquido en la parte de abajo. Saca con cuidado la crema de coco (la usarás en el paso 5).
2. Pon todos los ingredientes del primer grupo en un procesador de alimentos y mezcla hasta que esté cremoso y bien integrado.
3. Sirve en vasitos.
4. Para hacer el *topping*, pon todos los ingredientes en el procesador de alimentos y dale pulsar hasta que quede de la consistencia que tú quieras. Sirve en los vasitos.
5. Agrega una cucharadita de la crema de coco encima.
6. Mete al refrigerador hasta que esté listo para comer.

Nieve de mango 🇲🇽

Los mexicanos somos bendecidos con la cantidad de verduras y frutas que crecen en el país. Tenemos una gran variedad de mangos, y todas son jugosas, deliciosas y perfectas para comer solas o como ingrediente de recetas. Una vez, cuando mis hijos eran chicos, nos fuimos manejando a Puerto Vallarta, y en el camino los árboles de las huertas se veían completamente de color naranja de tanto mango. Fue una experiencia increíble y un viaje que recordamos con mucho cariño.

PARA 8 PERSONAS

INGREDIENTES

- 1 taza de azúcar
- 1 taza de agua
- 2 cucharadas de jugo de limón
- 6 tazas de mango picado y pelado

PREPARACIÓN

1. Para preparar el jarabe de azúcar, en una olla chica pon el azúcar y el agua a fuego medio por 10 minutos o hasta que el azúcar esté totalmente disuelto. No dejes que suelte hervor, retira del fuego y deja enfriar por 15 minutos.
2. Mientras, pon el mango en la licuadora con el jugo de limón. Agrega el jarabe de azúcar (del paso 1) y licúa hasta que todo esté bien integrado.
3. Vacía a un molde especial para hacer nieve (helado) o en un molde para panqué. Deja en el congelador por dos o tres horas o hasta que esté completamente congelado.

Para hacerlo más rápido usa mango congelado.

Pionono de arequipe 🏴

El pionono, también conocido como brazo de reina, es un postre muy popular en España, Colombia y otros países de América Latina. Hay muchas variaciones de este plato, pero en general es un pastel en forma de rollo que se rellena con mermelada de frutas, arequipe o crema de leche batida con fresas. Es un postre muy versátil y fácil de preparar. Mi relleno preferido es el arequipe, también conocido como dulce de leche en otras partes del mundo.

PARA 6 PERSONAS

INGREDIENTES

- 5 huevos
- ½ taza de harina todo uso cernida
- 1 cucharadita de extracto de vainilla
- ½ taza de azúcar
- 1 ½ tazas de arequipe o dulce de leche
- Azúcar en polvo

PREPARACIÓN

1. Precalienta el horno a 400 °F (200 °C)
2. Cubre un molde de 10 x 15 pulgadas (25 x 38 cm) con papel parafinado.
3. Separa las claras y las yemas de los huevos. Coloca las claras en un tazón grande y, con una batidora eléctrica, bate hasta que se formen picos suaves. Poco a poco agrega las yemas, una a la vez hasta que se mezclen.
4. Añade la harina, el extracto de vainilla y el azúcar, y bate hasta que estén bien combinados.
5. Vierte la mezcla en el molde preparado, extendiendo uniformemente. Hornea por 15 minutos o hasta que esté dorado.
6. Pon una toalla de cocina en una superficie plana y desmolda el pastel encima. Enrolla el pastel empezando en el lado corto y deja que se enfríe.
7. Desenrolla y retira la toalla. Unta el dulce de leche sobre el pastel. Enrolla, espolvorea con azúcar en polvo y sirve.

Pudín de pan con pasas🌐

El pudín en Latinoamérica y España tiene un lugar muy especial junto al flan entre nuestros postres preferidos. Este de pan con pasas puede comerse frío o a temperatura ambiente.

PARA 8 A 10 PERSONAS

INGREDIENTES

- 8 rebanadas de pan de molde
- ½ taza de leche evaporada
- ½ taza de leche condensada
- 2 tazas de agua
- 1 cucharadita de extracto de vainilla
- 1 pizca de sal
- ¾ de taza de azúcar moreno
- ¾ de taza de pasas
- ½ taza de azúcar
- 4 huevos

Este no queda con tanto caramelo. Puedes hacer más y cubrir todas las paredes del molde si te gusta con mucho.

PREPARACIÓN

1. Desbarata el pan toscamente, con las manos, en pedazos de aproximadamente ¾ de pulgada (2 cm) y colócalo en un cuenco grande.
2. Bate las leches, el agua, la vainilla, la sal y el azúcar moreno. Vierte sobre el pan, añade las pasas y mézclalo todo con las manos limpias o con una espátula. Deja reposar 30 a 40 minutos.
3. Haz el caramelo mezclando el azúcar con una cucharada de agua en una cazuela mediana. Cocina a fuego medio-bajo durante unos 15 minutos, removiendo a cada rato hasta que se derrita totalmente el azúcar y el caramelo esté dorado. No te descuides porque puede quemarse con facilidad, sobre todo en los últimos minutos. Vierte en el molde y espárcelo en el fondo con mucho cuidado. Deja refrescar.
4. Precalienta el horno a 350 °F (180 °C).
5. Pasado el tiempo de reposo del pan, bate los huevos y agrégalos a la mezcla. Vierte en el molde con caramelo.
6. Hornea 1 hora a baño María. No tienes que cubrir el molde.
7. Para comprobar que está listo, inserta un palillo de dientes en el centro. Este debe salir limpio. Vas a ver también que se ha despegado del molde.
8. Coloca el molde sobre una parrilla y deja que se enfríe antes de desmoldarlo.

Tarta o pay de maracuyá 🌎

El olor a maracuyá me trae recuerdos de mi niñez en Ecuador, cuando llegaba a casa de regreso de la escuela y mi mamá había preparado un delicioso refresco o jugo de maracuyá. Esta tarta tipo pay es muy fácil de preparar y es un postre que de seguro les encantará a todos.

PARA 8 PERSONAS

INGREDIENTES

Para la base o masa de galletas
- 40 galletas María
- 1 barra (4 oz [115 g]) de mantequilla derretida
- 1 cucharada de azúcar moreno
- 1 pizca de sal

Para el relleno de maracuyá
- 4 yemas de huevo
- 1 lata (14 oz [396 g]) de leche condensada
- ½ taza de concentrado o jugo puro de maracuyá sin endulzar

Para servir
- Crema chantilly batida
- La pulpa fresca de 2 maracuyás

PREPARACIÓN

1. Para la base o masa de galletas, tritura las galletas en la batidora o procesador de alimentos. Otra opción es ponerlas en una bolsa tipo Ziploc y triturarlas con un rodillo.
2. Mezcla las galletas molidas o trituradas con la mantequilla derretida y el azúcar moreno.
3. Precalienta el horno a 350 °F (180 °C).
4. Usa los dedos para esparcir esta mezcla en un molde para tartas de 9 pulgadas (23 cm). La masa debe forrar la base y los lados del molde.
5. Hornea el molde con la masa de galletas durante 10 minutos. Retíralo del horno y déjalo enfriar completamente.
6. Para el relleno de maracuyá, coloca las yemas de huevo, la leche condensada y el jugo concentrado de maracuyá en un bol. Usa un tenedor o batidor de mano para combinar los ingredientes hasta obtener una mezcla homogénea.
7. Asegúrate de que el horno siga precalentado a 350 °F (180 °C).
8. Vierte el relleno en el molde con la masa de galletas trituradas, previamente horneada.
9. Hornea la tarta durante 12 a 15 minutos o hasta que cuaje.
10. Deja que la tarta se enfríe a temperatura ambiente durante 30 minutos y luego en el refrigerador durante 2 horas antes de servir.
11. Sirve acompañada de crema batida y pulpa fresca de maracuyá.

Torta de tres leches 🏴

La torta de tres leches es un postre muy popular en Colombia y el resto de América Latina. Utilizamos una combinación de tres leches (leche condensada, leche evaporada y crema de leche) y esta mezcla es la que hace que la torta quede húmeda y deliciosa. En Colombia la crema de merengue es tradicional para cubrirla, pero ustedes pueden usar la cubierta que deseen.

PARA 12 PERSONAS

INGREDIENTES

Para la torta
- 2 tazas de harina todo uso
- 2 cucharaditas de polvo de hornear
- 1 taza de leche
- 5 huevos
- 1 cucharadita de extracto de vainilla
- 6 cucharadas de mantequilla
- 2 tazas de azúcar
- ½ cucharadita de sal

Para la mezcla de tres leches
- 1 lata (14 oz [396 ml]) de leche condensada
- 1 lata (12 oz [354 ml]) de leche evaporada
- 1 taza de crema de leche
- ½ cucharadita de extracto de vainilla

Para la cubierta
- 2 claras de huevo
- ½ cucharadita de crema tártara
- ½ taza de azúcar
- ¼ de taza de agua
- ½ cucharadita de extracto de vainilla

PREPARACIÓN

1. Para preparar la torta, en un tazón mezcla la harina, la sal y el polvo de hornear. Calienta la leche y la mantequilla, retira del fuego y reserva.

2. Bate los huevos con una batidora eléctrica a velocidad alta durante 2 minutos, añade el azúcar y bate durante 5 minutos. Reduce la velocidad y agrega la mezcla de harina, la mezcla de leche y el extracto de vainilla. Bate durante 1 minuto más.

3. Precalienta el horno a 350 °F (180 °C). Engrasa un molde de 9x13 pulgadas (23 x 33 cm).

4. Vierte la mezcla en el molde y hornea por 40 minutos o hasta que un palillo introducido en el centro salga limpio. Retira del horno y con un tenedor haz agujeros en toda la parte superior de la torta. Deja enfriar.

5. Para la mezcla de tres leches, coloca la leche condensada, la leche evaporada, la crema de leche y el extracto de vainilla en un bol y revuelve. Vierte la mezcla sobre la torta hasta que sea absorbida. Refrigera al menos 3 horas antes de decorar.

6. Para decorar, cocina el agua y el azúcar a fuego medio, revuelve sin parar por 3 minutos y reserva.

7. Bate las claras de huevo y la crema hasta que se formen picos. Añade la mezcla de azúcar y sigue batiendo por 5 minutos más. Agrega el extracto de vainilla y bate 1 minuto más. Decora la torta y refrigera hasta el momento de servir.

Glosario

Equivalencia de términos empleados en este libro atendiendo a sus otras posibles denominaciones. Se incluyen también términos en inglés de uso frecuente entre los latinos que viven en Estados Unidos. Los vocablos en **negritas** remiten a dicha palabra dentro del glosario.

A

Aceite de cártamo: *safflower oil*.

Achiote: annato, bija, onoto.

Aguacate: palta.

Ají: puede referirse a ají pimiento, ají dulce, pimiento, pimiento morrón o **chile**. Se aclara en cada receta.

Ají cubanela: cubanela, *cubanelle*.

Aliño: adobo, marinada, marinado.

Alberca: pileta, piscina.

Arequipe: cajeta, dulce de leche, fanguito, manjar.

Arveja: chícharo, guisante, *petit pois*.

Apio: *celery*.

Auyama: ayote, calabaza, zapallo.

Azúcar en polvo: azúcar glacé, azúcar glas, azúcar impalpable, azúcar flor, *caster sugar*, *powdered sugar*.

Azúcar glas: **azúcar en polvo**.

Azúcar impalpable: **azúcar en polvo**.

Azúcar moreno: azúcar parda, azúcar prieta, *light brown sugar*.

Azúcar parda: **azúcar moreno.**

B

Bay scallop: conchitas de abanico, vieiras.

Banana: banano, cambur, guineo, plátano, plátano de fruta, plátano fruta.

Batidor: batidor de globo, batidor de mano, varillas.

Batidor de mano: **batidor**.

Batidora: licuadora.

Batidora eléctrica: utensilio tipo KitchenAid o similar.

Bechamel: salsa blanca.

Betabel: *beet*, betarraga, remolacha.

Bol: *bowl*, cuenco, tazón.

Bolsa Ziploc: bolsa de plástico o bolsa de nailon (con cierre hermético), Ziploc.

Botana: pasaboca, picadera, saladito, tapa.

Broiler: *grill* (resistencia superior del horno).

C

Calabaza: **auyama**.

Caldero: cacerola, caldera, cazuela, olla.

Canguil: cabritas, cotufas, palomitas de maíz, pipoca, pochoclo, *popcorn*, rositas de maíz.

Carne ripiada: carne desmechada, carne desmenuzada, carne deshebrada.

Cáscara: aparte de la cáscara del huevo, también puede referirse a la piel de las frutas y verduras.

Cebolla larga: cebolleta, cebollín, cebollino, cebollita de verdeo, ciboulette, *scallion*.

Cebolla morada: cebolla roja.

Cebolla roja: cebolla morada.

Cebollín: **cebolla larga**.

Cebollino: **cebolla larga**.

Cebollita de verdeo: **cebolla larga**.

Ceviche: cebiche, sebiche, seviche.

Champiñones: setas, hongos

Chícharo: **arveja**.

Chile: término genérico para diversas variedades de ajíes picantes.

Chinola: fruta de la pasión, maracuyá, parcha, parchita, *passion fruit*.

Chips de tortilla: tortilla chips, totopos

Cilantro: *coriander*, coriandro, perejil chino. También culantro, aunque en este caso no debe confundirse con la hoja alargada que crece pegada a la tierra igualmente nombrada **culantro**. Cilantro se refiere a la planta de tallo fino y hojas pequeñas de apariencia similar al perejil.

Clavo dulce: clavo, clavo de olor.

Coctel: cóctel.

Colmado: bodega, mercadito, tienda, tienda de víveres.

Color: achiote en polvo.

Comal: plancha para cocción.

Concha de abanico: ***bay scallop***.

Cortadito: café cortado, café expreso cortado, cortado, expreso con leche, *macchiato*.

Crema chantilly batida: crema batida, nata montada.

Crema de leche: crema para batir, nata líquida, *heavy cream*.

Crema para batir: **crema de leche**.

Cubanela: **ají cubanela**.

Cuenco: **bol**.

Culantro: recao, sacha culantro. Se refiere a la hoja alargada que crece pegada a la tierra, no al **cilantro**.

Curtido: salsa hecha de aceite, cebolla morada, cilantro, limón, tomate, y sal.

D

Desboronar: desmoronar

Dulce de leche: **arequipe**.

Dip: untable.

E

Echalote: chalota, *shallot*.

Empanada: empanadilla.

Eneldo: *dill*.

Entrante: aperitivo.

Ensalada rusa: ensaladilla rusa.

F

Falda de res: falda vacío, *flank steak*, tapabarriga, vacío.

Fécula de maíz: maicena de maíz.

Film plástico: papel film.

Frijol: alubia, caraota, fréjol, fríjol, poroto. También habichuela, aunque en este caso no debe confundirse con la vaina verde con semillas igualmente conocida como **habichuela**.

Frijoles colorados: alubias rojas, caraotas rojas, frijoles rojos, habichuelas rojas.

Fresa: frutilla.

H

Habichuela: chaucha, ejote, *green beans*, habichuelas tiernas, judía verde, poroto verde.

Se refiere a la vaina verde que contiene semillas usualmente de color similar.

Harina todo uso: harina multipropósito.

Horno tostador: horno sobremesa.

Hueso: semilla.

J

Jitomate: tomate rojo

Jugo: zumo.

K

Kale: col rizada.

L

Ladyfingers: bizcocho de soletilla, galletas de champaña, plantillas, soletas, tostadas, vainillas.

Lechón: chancho, cerdo, cochino, macho, marrano, puerco.

Licuadora: batidora.

Limón: limón amarillo.

Limones verdes: limas verdes.

M

Maicena: almidón o fécula de maíz.

Maíz: choclo, elote.

Mantequilla: manteca.

Manojo: haz, ramo, ramito.

Maní: cacahuate, cacahuete.

Maracuyá: **chinola**.

Mayonesa: mahonesa.

Meseta: encimera, *counter*.

Miel de arce: miel de *maple*, *maple syrup*, sirope de arce, sirope de *maple*.

Miel de *maple*: **miel de arce.**

Mondongo: callos, intestinos, menudos, tripas (de vaca, cerdo o chivo).

Moras: *blackberries*.

Munyeta: muñeta.

N

Naranjilla: lulo, chinchilegua.

Nieve: helado.

Nuez de la India: anacardo, *cashew*, pajuil. Semilla de la fruta conocida como cajú, caguil, cajuil, cayú, marañón o merey; eventualmente se le nombra igual que a la fruta.

Nuez pecana: nuez pecán, *pecan*, pecana, pecanera.

Ñame: mapuey.

O

Olla de presión: olla a presión, olla exprés.

P

Palillos de dientes: mondadientes

Panceta: *bacon*, beicon, tocino.

Panela: piloncillo, raspadura, panocha, chancaca, papelón.

Panko: Pan rallado estilo japonés (más ligero y aireado que el pan rallado regular).

Papa: patata.

Papel parafinado: papel encerado, papel manteca.

Papel pergamino: papel de horno, *parchment paper*.

Papel toalla: papel de cocina, *paper towels*, toalla de papel.

Parchita: **chinola**.

Pasaboca: **botana**.

Pasas: uvas pasas, *raisins*.

Pasta de guayaba: ate de guayaba

Patacón: tostón, chatino, plátano a puñetazos, plátanos verdes fritos.

Pavo: guanajo, guajolote.

Pay: tarta, *pie*.

Picadillo de res: carne molida, carne picada.

Pimienta dulce: *allspice*, malagueta, pimienta de Jamaica, pimienta guayabita.

Pimentón: paprika.

Pimiento: **ají**, aji pimiento, *bell pepper*, pimiento dulce, pimiento morrón.

Pimiento morrón: **pimiento**.

Pimiento cubanela: **ají cubanela**.

Pimiento dulce: **pimiento**.

Piña: ananá.

Pionono: brazo de reina; brazo gitano, niño envuelto.

Plátano de fruta: **banana**.

Plátano maduro frito: amarillo, maduro.

Plátanos verdes fritos: **patacón**.

Pochar: rehogar, saltear a fuego medio, sofreír.

Pocillo: taza o vasija pequeña.

Prensa de tortilla: tortillero.

Procesador/a de alimentos: multiprocesadora, procesadora, robot de cocina.

Pudín: pudin.

Q

Queso crema: queso tipo Philadelphia.

Queso crema tipo Philadelphia: queso crema.

Queso fresco: queso blanco, queso campesino.

Queso Oaxaca: quesillo, queso de hebra.

Quinua: *quinoa*.

R

Repulgue: borde que se hace a la masa con los dedos para sellar las empanadas.

Refrigerador: nevera, heladera.

S

Salsa de soya: salsa de soja, salsa soja, salsa soya.

Sancochar: hervir.

Sofreír: ver pochar.

T

Tamal: humita.

Tapa: **botana**.

Tajada: porción, pedazo, tira, rebanada.

Tazón: **bol**.

Toallas de papel: **papel toalla**.

Tocino: **panceta**.

Tomate: tomate verde o rojo. En México y algunas regiones de Centroamérica, **jitomate** cuando es rojo.

Tomate cereza: tomate cherry.

Tomate tipo roma: tomate pera, tomate perita.

Tomatillo: miltomate, tomate de cáscara, tomate verde.

Tortilla: por lo general la tortilla de maíz o de harina del tipo empleado en los tacos mexicanos o en los burritos. También, tortilla de huevos.

Tortillas de harina: **tortilla**.

Tortillas de maíz: **tortilla**.

Topping: cobertura, capa o cubierta hecha de alimentos con la que se da la terminación a un plato.

Torta: cake, panetela, pastel, tarta, queque.

Tostadas: tortilla de maíz frita u horneada, salvo cuando se use para referirse a ***ladyfingers***.

Tostadora: tostador.

Tostones: **patacón**.

Totopos: **chips de tortilla**.

U

Umami: palabra de origen japonés que significa buen sabor o sabor delicioso; se usa tanto para hablar del buen sabor de un alimento como para referirse al llamado "quinto sabor" (uno aparte de los sabores ácido, amargo, dulce y salado).

V

Vegana: persona que practica el veganismo, modo de vida que rechaza el consumo de todo alimento o producto de procedencia animal. Se diferencia del modo de vida vegetariano en que este último puede admitir el consumo de ciertos productos de origen animal como huevos, leche o queso.

Vieiras: ***bay scallop***.

Vinagreta: aderezo, aliño de ensalada.

Vino seco: vino seco usado exclusivamente para cocinar. Es característico de la cocina cubana.

W

Waffles: gofres.

Waflera: gofrera, plancha para *waffles*, wafflera.

Wok: sartén amplia y profunda mucho más estrecha en su fondo que en su boca, de uso frecuente en la cocina asiática.

Y

Yaca: *jackfruit*.

Yuca: casava, guacamota, mandioca.

Z

Zapallo: **auyama**.

Índice de ingredientes